Begreifen durch Begreifen

Martin Kramer

Rechnen mit Größen

Lernen an Stationen: interaktiv und kooperativ

AF891688

Klett | Kallmeyer

Bibliografische Information der Deutschen Nationalbibliothek
Die Deutsche Nationalbibliothek verzeichnet diese Publikation in der Deutschen Nationalbibliografie; detaillierte bibliografische Daten sind im Internet über http://dnb.d-nb.de abrufbar.

Impressum

Martin Kramer
Rechnen mit Größen – Begreifen durch Begreifen
Lernen an Stationen: interaktiv und kooperativ

1. Auflage 2022

Redaktion: Dirk Haupt, Leipzig
Illustrationen: Martin Kramer
Fotos: Martin Kramer
Realisation: Frederieke Ruberg
Druck: Zimmermann Druck + Verlag GmbH, Widukindplatz 2, 58802 Balve
Printed in Germany

ISBN: 978-3-7727-1628-7

Begreifen durch Begreifen

Martin Kramer

Rechnen mit Größen

Lernen an Stationen: interaktiv und kooperativ

Klett | Kallmeyer

Inhalt

Vorwort

Warum viele Lernende immer noch Stunde um Stunde „auf dem Platz" sitzen müssen, um ihrer Lehrkraft zuzuhören, ist aus der Sicht moderner Lernmethoden unverständlich. Schon die alten Griechen wussten über die Effektivität des Lernens an verschieden Orten (Loci-Technik). Neu ist diese Idee des Stationenlernens also nicht. Sie ist über zwei Jahrtausende alt und wird in zeitgemäßer Form mit diesem Material aufgegriffen.

Begreifen durch Begreifen
Lernen geschieht durch reales Begreifen. Beispielsweise erzeugen bereits wenige Streichhölzer durch Anschaulichkeit und „Begrifflichkeit" eine qualitativ andere Aufgabe. Das Material ermöglicht Begegnung, ist Anlass für mathematische Diskussionen und unterstützt Nachhaltigkeit. Schülerinnen und Schüler arbeiten in ihrem individuellen Tempo. Eigenverantwortlichkeit wird gefördert und Selbstwirksamkeit erfahren. Lernende bewegen sich im Unterricht und erleben Mathematik. Da der Unterricht durch Stationen und Lösungen vorbereitet und strukturiert ist, haben Sie Zeit. Zeit für einzelne Lernende und kleinere Gruppen, Zeit zum Beobachten. Der Unterricht ist entschleunigt und bewirkt mehr. Das sind die Vorteile von *Begreifen durch Begreifen.*

Aufbewahrung
Um Mathematik begreifen zu können, werden Materialien benötigt und diese lassen sich schlecht abheften. Das ist der Grund dafür, warum eine Box (Bestellnummer: 14874) angeboten wird. Was zu welcher Station gehört, finden Sie im Stationsteil.

Zum Heft
Kapitel 1 zeigt eine Möglichkeit zur Umsetzung. Es ist kompakt für die didaktische Praxis geschrieben. Viele Methoden lassen sich auch außerhalb des Stationenlernens anwenden. Zentral ist die Übung „Begreifen durch Begreifen". Kapitel 2 gibt eine Einführung in die zugrundeliegende Philosophie und konstruktivistische Grundhaltung. Wenn Sie mit dem Lernen an Stationen vertraut sind, können Sie nach einem Blick auf die Voraussetzungen und Vorbereitungen direkt zu Kapitel 3 springen, die Stationskarten auslegen und beginnen. Die Materialien befinden sich in Kapitel 4.

Wirksamer und störanfälliger
Einerseits ist das Stationenlernen deutlich wirksamer als konventioneller Unterricht. Zugrunde liegt ein systemischer Ansatz: Jeder Schüler weiß am besten, wo und wie er am besten lernen kann. Die Schüler können selbst entscheiden, welche Aufgabe sie mit wem zu welcher Zeit bearbeiten und sie können in ihrem eigenen Tempo arbeiten. Sie erfahren weit mehr Selbstwirksamkeit als wenn alle in derselben Zeit dasselbe lernen sollen. Das ermöglicht ein sehr angenehmes Arbeitsklima im Klassenzimmer.

Andererseits ist die Methode auch störanfälliger, als wenn die Schüler auf ihren Plätzen sitzen und alle dieselbe Aufgabe in derselben Zeit lösen oder erklärt bekommen. Es kommt also auf den Reifegrad der Schüler an. Wenn sie die Vorteile des Lernkonzeptes verstehen und für sich selber Verantwortung übernehmen können, entsteht eine Lernumgebung, die alle Beteiligten äußerst positiv erleben. Es reicht, wenn wenige Schüler nicht mitspielen bzw. nicht mitlernen, um das an sich sehr wirksame Konzept ins Wanken zu bringen. Ich nehme mir im Laufe der Jahre immer mehr Zeit dafür, die kommunikative Struktur und die damit verbundenen Vorteile vorab zu erklären. Mein Ziel ist Selbstwirksamkeit zu maximieren. Das gelingt beispielsweise mit diesem Material.

Für alle Schüler und Lehrkräfte, die Mathematik begreifen möchten.
Martin Kramer

1 Umsetzung

Fassen Sie bitte alles Folgende als einen Möglichkeitsraum auf. Sie können Dinge verändern, weglassen oder hinzufügen. Wer zum ersten Mal dem Stationenlernen begegnet, wird wahrscheinlich nicht gleich alle besprochenen Punkte umsetzen. Essenziell sind für die Anwendung die Punkte 1, 3, 4 und 7. Damit „funktioniert" die Lerneinheit. Wer zur Meisterschaft gelangen möchte und Unterricht als Kunstwerk und Persönlichkeitsentwicklung begreift, der wird große Freude an den schwarz hervorgehobenen Abschnitten 2, 5, 6 und 8 haben. Die didaktischen Interventionen sind für die Praxis dicht gepackt und lassen sich auf weite Bereiche im Unterricht, auch jenseits der hier vorliegenden Stationen, anwenden. Sie machen den Unterschied zwischen „funktionieren" und „gestalten".

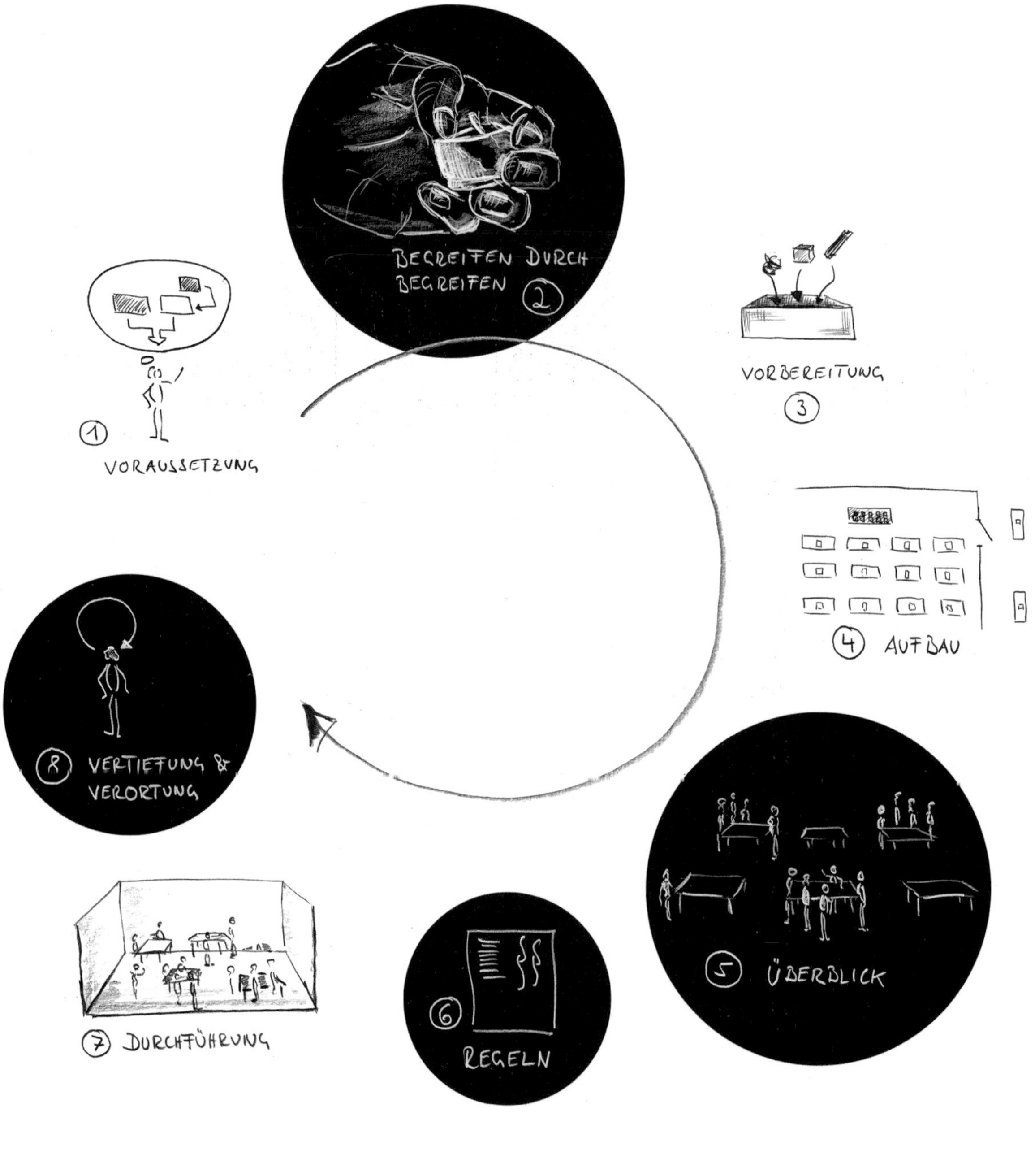

1.1 Voraussetzungen

Fachliche Voraussetzungen

- Strecken-, Flächen- und Raummaße sowie deren Umwandlungen. Beispiel: $17\ cm^3 = 0{,}017\ dm^3$
- Einheiten der Zeit (vom Jahr bis zur Sekunde)
- Einheiten der Masse (Tonnen, Kilogramm, Gramm)
- Messen von Winkeln
- Maßstab (z. B. einer Landkarte)

Soziale Voraussetzungen und innere Bereitschaft

Ebenso wichtig wie die fachlichen Voraussetzungen sind die sozialen. Diese waren noch nie so wichtig wie in Zeiten von sozialen Medien. Hierzu gehören eigenverantwortliches Arbeiten, die Fähigkeit, einander zuzuhören und teamorientiert arbeiten zu können. Bei offenen Unterrichtsformen ist die Lehrperson am stärksten im sozialen Bereich gefordert. Richten Sie Ihre Aufmerksamkeit auf die Lernatmosphäre! Im schlimmsten Fall brechen Sie das Stationenlernen ab und versuchen es in der nächsten Stunde erneut. Nicht alle Klassen haben bereits einen solchen Reifegrad, dass sie mit Eigenverantwortlichkeit umgehen können. Seien Sie vor allem am Anfang sehr klar und konsequent!

Ein Konzept, in dem Lernende eigenverantwortlich arbeiten, ergibt nur dann Sinn, wenn die Lernenden das auch wollen. Zeigen Sie die Vorteile und die besonderen Herausforderungen auf und fragen Sie anschließend ihre Schülerinnen und Schüler, ob sie bereit sind, sich auf das Stationenlernen einzulassen. Bisher habe ich es noch nie erlebt, dass eine Klasse „Nein“ gesagt hat.

Vorteile

- Die Lernenden können sich im Unterricht bewegen: Dadurch wird ein Lernen mit allen Sinnen ermöglicht.
- Der Lernprozess wird intern, vom Schüler selbst, gesteuert: Jeder bestimmt für sich, wann er welche Aufgabe bearbeiten möchte.
- Insbesondere kann jeder in seinem individuellen Tempo arbeiten. Der Unterricht ist nicht mehr „getaktet“.
- Der Lernzirkel ermöglicht eine Differenzierung im Schwierigkeitsgrad. Es muss nicht jeder zur selben Zeit dasselbe Lernen.
- Jeder geht zu der Station, die er ansprechend findet. Daher treffen sich die, die an derselben Aufgabe interessiert sind *(themenzentrierte Gruppeneinteilung)*.
- Mathematik wird versprachlicht. Es wird viel mehr im Unterricht über Mathematik gesprochen als bei einem lehrerzentrierten Unterrichtsstil.
- „Lernen an verschieden Orten“ ist mehr als einfach „bewegendes Lernen“. Wenn der Schüler nach der Bearbeitung einer Station aufsteht und sich einer anderen zuwendet, die sich an einem anderen Ort befindet, tut er das nicht nur in Gedanken, sondern auch *räumlich*. Auch nach dem Stationenlernen (z. B. in einer Klassenarbeit), kann der Lernende gedanklich durch den Raum gehen und an den entsprechenden Orten die Aufgaben abrufen.
- Eigenverantwortlichkeit kann in einem überschaubaren Rahmen trainiert werden (siehe Herausforderung).
- Der Heftaufschrieb ist keine Tafelkopie. Lernende sind mehr als Kopierer, sie sind die Konstrukteure ihrer eigenen Aufschriebe. Die eigene Konstruktion ist ein wesentlicher Faktor für nachhaltiges Lernen.

Herausforderungen

- Eigenverantwortliches Arbeiten bedeutet, dass man sich als Lernender eine eigene Struktur erschaffen muss. Was will ich heute verstehen? Was bearbeite ich als Hausaufgabe? Wie viel Zeit investiere ich in welche Aufgabe? Im konventionellen Unterricht wird der Schüler von außen gesteuert. Die Lehrkraft gibt dort die Struktur vor: Thema, Geschwindigkeit und Hausaufgaben. Das ist weniger effektiv für das Lernen, auch wenn es auf den ersten Blick scheinbar einfacher und kontrollierbarer ist.
- Ein eigener Heftaufschrieb will gelernt sein. Für manchen ist es eine Überforderung. In Abschnitt „6. Regeln" wird daher eine Übung vorgeschlagen.

Zeitliche Voraussetzung

Für die Durchführung des Stationenlernens *Rechnen mit Größen* benötigen Sie, je nach Klasse und Nachbereitung, etwa zwei bis drei Schulwochen.

½ Schulstunde	Einführung Experiment „Begreifen durch Begreifen" (S. 10) Aufbau der Stationen, Rundgang Einführung von Regeln
6 bis 8 Schulstunden	eigenverantwortliches Arbeiten an den Stationen Erstellung eines eigenen Heftaufschriebs, mehrmaliges gemeinsames Betrachten der Aufschriebe
1 Schulstunde	Selbsteinschätzung (S. 60) unbenoteter Test (S. 61) als Hausaufgabe: gegenseitige Korrektur
1 Schulstunde	Besprechung des Tests Besprechung von allgemeinen Schwierigkeiten
1 Schulstunde	Verortung und Mapping des Themas (S. 23, Landkarte des Wissens) Schlussreflexion
1 Schulstunde	Metareflexion: mathematische Ideen hinter den Aufgaben

Vertrautheit mit den Aufgaben

Tipp: Es hilft, wenn Sie die Aufgaben erst einmal allein durchrechnen. Dann kennen Sie die Ideen und Herausforderungen und wissen, welche Stationen in den Unterricht passen und ob Sie überhaupt alle Stationen auslegen wollen. Wenn Sie wenig Zeit haben, dann können Sie die Lösungen auch überfliegen.

1.2 Begreifen durch Begreifen

Die Bedeutung des realen Begreifens ist leider nicht mehr jeder und jedem unmittelbar verständlich. Was ist so wichtig am „Begreifen"? Warum macht weniges Material an einer Station einen so großen Unterschied in Nachhaltigkeit und Verständnis?

Werfen wir ein Blick auf die Robotik: Moderne Roboter, die mit einer künstlichen Intelligenz ausgestattet sind, „lernen" in der Interaktion mit ihrer Umwelt. „Lernen" bedeutet hier, dass die innere Programmstruktur anpasst wird. Dazu benötigt der Roboter erstens eine Sensorik und zweitens eine Motorik, damit er mit seiner Umwelt interagieren kann. Die Sensorik allein genügt nicht, erst das Zusammenspiel von eigener Motorik und eigener Sensorik ermöglicht den Aufbau einer Vorstellung von der ihn umgebenen Wirklichkeit. Es reicht also nicht, dass der Lernende in Kontakt mit dem jeweiligen Wissensgebiet kommt, er muss aktiv begreifen, um zu begreifen. Das zeigt das Experiment „Begreifen durch Begreifen" sehr eindrucksvoll.

Experiment: Begreifen durch Begreifen

Zum Begreifen ist unbestreitbar ein direkter Kontakt nötig. Aber der bloße Kontakt ist nicht ausreichend, um ein inneres Bild von einem Gegenstand zu erzeugen. Das Gehirn braucht, um nachhaltig zu begreifen, das Zusammenspiel von Sensorik und Motorik, was folgendes Experiment verdeutlicht:

Für die Durchführung benötigen Sie einen Partner, der die Augen geschlossen hält und seine Hand fixiert, indem er Handrücken und Finger gegen eine feste Unterlage presst. Die Idee ist, dass die Hand ihrer motorischen Fähigkeiten beraubt wird. Selbst die Fingerkuppen dürfen von dem „Blinden" nicht eigenständig bewegt werden.

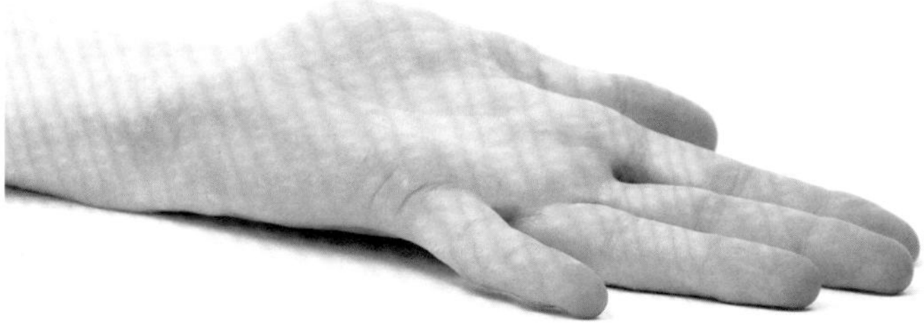

Nehmen Sie einen für den „Blinden" möglichst unbekannten Gegenstand. Das kann ein Mäppchen, ein Füller, eine Flasche, eine Handtasche oder ein Schlüssel sein, am besten etwas, was der Betrachter nicht kennt. Auch sollen keine Geräusche entstehen, da sonst weitere Sinnesorgane beteiligt werden.

Versuchen Sie dem „Blinden" über direkten Kontakt nahezubringen, um was für einen Gegenstand es sich handelt. Sie können den Gegenstand beispielsweise stark oder leicht auf die Fingerkuppen drücken, Sie können ihn in unterschiedlicher Geschwindigkeit vorbeistreichen lassen und von allen möglichen Seiten andrücken. Der „Blinde" versucht zu erraten, was für einen Gegenstand Sie ihm nahebringen wollen. Lassen Sie sich Zeit und geben Sie der fixierten Hand alle erdenklichen Möglichkeiten, den Gegenstand zu fühlen. Verändern Sie die Druckstärke, ermöglichen Sie den Kontakt zu allen Ecken und Kanten. Lassen Sie dabei nie den Gegenstand los, um dessen Eigengewicht nicht zu verraten.

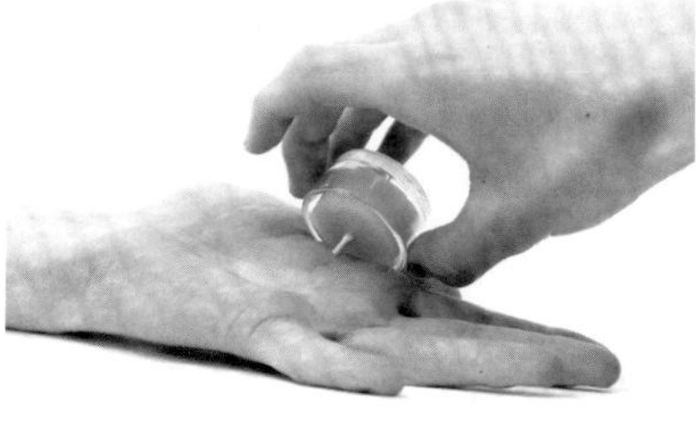

Dann bringen Sie den Gegenstand außer Sichtweite und befragen Ihr Gegenüber. Es soll alles, was es über den Gegenstand erfahren hat, äußern. Das ist meist wenig! Geben Sie jetzt dem „Blinden" erneut den Gegenstand. Er kann jetzt mit einer oder beiden Händen aktiv tasten. Es ist erstaunlich: Was passiv (ohne Verwendung der Motorik) in 30 Sekunden oder länger nicht möglich war, wird durch aktives Begreifen im Bruchteil einer Sekunde „erfasst".

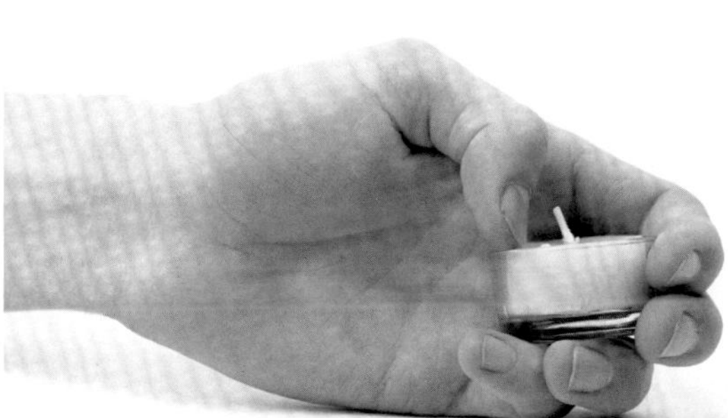

Aktiv begreifen, um zu begreifen

Erst durch das eigene Handeln, dem individuellen Nutzen der eigenen Motorik in Kombination mit den eigenen Sinnesorganen, wird ermöglicht (hier mit dem Tastsinn), dass ein Bild im Bewusstsein konstruiert werden kann. Sie müssen aktiv begreifen, um zu begreifen! Sie müssen wissen, mit welchem Druck Sie auf den Gegenstand einwirken, während Sie fühlen. Sie müssen erleben, wie schnell Sie die Fingerkuppe am Gegenstand entlangstreichen.

Es ist ganz und gar nicht egal, ob Sie passiv oder aktiv mit dem Gegenstand Kontakt aufnehmen. Erst mit der eigenen Aktivität können Sie Daten von dem Gegenstand erzeugen. Beachten Sie die Wortwahl: Sie benötigen für die eigene Konstruktion einen *Gegenstand*, der Ihnen aufgrund Ihres eigenen Handelns *entgegensteht*. Auf diese Weise konstruieren Sie Wissen.

Daher ist es grundlegend, dass die Lernenden selbst handeln. Die Sensoren sind zwar auch „an", wenn nicht gehandelt wird, aber das Bewusstsein kann die Eindrücke nicht interpretieren, da es nicht weiß, was getan wurde. Begreifen ist also weit mehr als nur im direkten Kontakt mit dem (Lern-)Stoff zu sein. Um zu begreifen, muss man mit den Inhalten umgehen, damit spielen.

Schulstoff, der weh tut?

Ich möchte noch ein symbolisches Bild aufzeigen. Angenommen, es soll raues Schmirgelpapier ertastet werden. Was geschieht, wenn es unter Zwang zum direkten Kontakt kommt? Dann reibt das Schmirgelpapier am Schüler und es kommt zu Verletzungen. Härteres „Durchgreifen" trägt nicht zum Verstehen bei, die Rauheit der Körnung wird nicht durch äußere Gewalt begriffen. Der Schüler begreift in dieser „Lernanordnung" nur, dass der Stoff weh tut (Bild links).

Es ist etwas ganz anderes, wenn er selbst das Schmirgelpapier „begreift" (Bild rechts). Dann kennt er den Anpressdruck, das Zusammenspiel zwischen der Wirkung auf seine Sensoren, seines Tastsinns, und seiner Aktion. Es ist nicht der Stoff, der verletzt, es ist die Art und Weise des Kontaktes. Das ist die grundlegende Idee von handlungs- und erlebnisorientierter Didaktik.

Begreifen statt Wischbewegungen

Handlungsorientierung ist für die Schule so bedeutsam geworden wie noch nie. So wichtig moderne Medien im Unterricht sind, digitale Oberflächen sind strukturlos, sie ermöglichen Wischbewegungen, aber kein echtes Begreifen. Da in jeder Umgebung nur das geschehen kann, was im Möglichkeitsraum der Umgebung enthalten ist, braucht es das Angebot von haptischem Material, damit das Zusammenspiel von Motorik und Sensorik überhaupt möglich wird. Es gibt immer mehr Schüler, die Phänomene nur am Bildschirm „erleben".

1.3 Vorbereitung

Notwendige, materielle Vorbereitung
Das ist zu tun:
Damit „Begreifen“ möglich wird, brauchen Sie das zugehörige Material. Sie finden die Liste der benötigten Materialen im Stationenteil auf S. 30.

Hinweis: Sollten Sie keine passende Box zur Hand haben, so besteht die Möglichkeit, unter der Bestellnummer 14874 eine solche zu erwerben. (siehe S. 14)

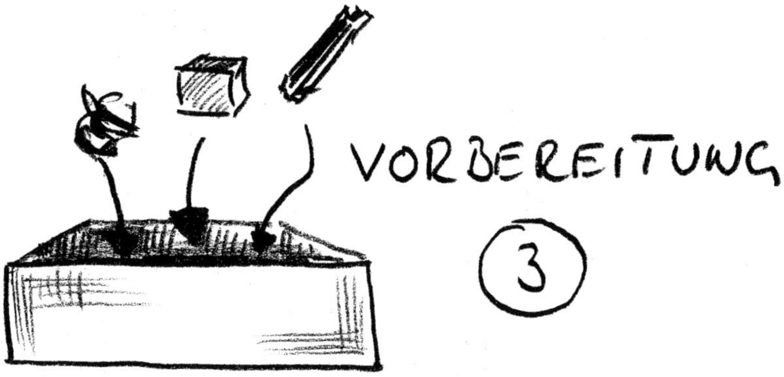

Die Lösungsvorschläge (S. 46 – 52) werden kopiert und in beschriftete Umschläge (1 – 14) gelegt.

Optional
- „Laufzettel“ für die Lernenden (Klassensatz, S. 31)
- Selbsteinschätzungsbogen (Klassensatz, S. 60)
- Test mit zugehörigem Lösungsvorschlag (jeweils als Klassensatz, S. 61 und 62)
- „Landkarte des Wissens“ (Klassensatz, S. 59)

Ihre Materialien übersichtlich aufbewahren

Zu allen Materialien der Reihe „Begreifen durch Begreifen: Lernen an Stationen“ kann auf der Webseite des Friedrich Verlags eine Box im passenden DIN-A4-Format bestellt werden.

www.friedrich-verlag.de
Bestellnummer: 14874
6,95 €

Im Download-Bereich der einzelnen Lernstationen finden Sie zudem eine fotografische Darstellung, was in der Box zu der jeweiligen Lernstation enthalten sein sollte sowie eine Materialliste.

1.4 Aufbau der Stationen

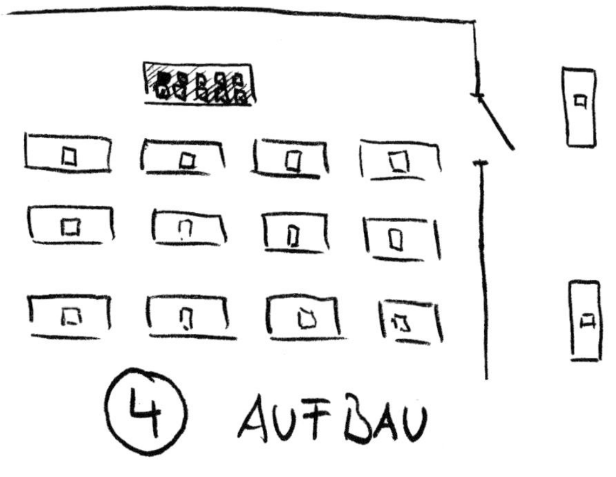

Stationen

Alle privaten Dinge verschwinden vom Tisch. Es liegen nur die Aufgabe und der zugehörige Gegenstand auf dem Tisch, alles andere lenkt ab. Wie in der Skizze angedeutet, können zwei Tische vor das Klassenzimmer in den Gang gestellt werden.

Jede Station wird, in Anlehnung an die Loci-Technik, in jeder Stunde an derselben Stelle aufgebaut. Auf diese Weise können die Lernenden meist sogar Wochen später angeben, wo sie welche Aufgabe bearbeitet haben.

Lösungen

Natürlich können die Lösungen auch direkt ausgelegt werden. Steckt man diese allerdings in einen Umschlag, so dürfen die Lernenden die Lösung erst „auspacken"; dadurch wird sie mehr geschätzt. Man denke hierbei etwa an das Öffnen von Losen bei einer Tombola: „Stimmt mein Ergebnis, habe ich gewonnen?"

Hinweis: Achten Sie bereits beim ersten Aufbau darauf, dass nicht Sie allein die Stationen aufbauen. Ansonsten räumen Sie hinterher auch alles wieder auf. Die Idee ist, dass Sie so viel wie möglich an die Lernenden delegieren; auf diese Weise wird das Stationenlernen zum Selbstläufer. Achten Sie darauf, dass Sie für den unterrichtlichen Ablauf nicht gebraucht werden, denn nur so haben Sie Zeit, um auf einzelne Lernende individuell einzugehen. Selbst im Vertretungsfall läuft der Unterricht dann in selbstverständlicher Art und Weise einfach weiter.

1.5 Überblick

Raumgang: Ein erster Überblick

In den ersten fünf Minuten wird keine Station bearbeitet. Es herrscht Stille, auch kein Flüstern. Alle Lernenden lesen sich die Aufgaben durch und verschaffen sich einen Überblick von dem Aufgabenangebot. „Was spricht mich an?" „Mit welcher Aufgabe möchte ich anfangen, welche vorerst beiseitelassen?" Für die nächsten sechs bis acht Stunden sind die Stationen der Rahmen, in dem der Mathematikunterricht stattfindet.

Nach ca. fünf Minuten geht jeder zu der Aufgabe, mit der er gern anfangen möchte. Auf natürliche Weise treffen sich so die Lernenden mit ähnlichen Interessen. Anschließend erhalten alle Lernenden einen Laufzettel (siehe Material auf Seite 31).

Bevor es losgeht, erklärt die Lehrperson die Regeln. Dazu gehört insbesondere, dass jeder für seinen eigenen Heftaufschrieb individuell verantwortlich ist.

Binnendifferenzierung

Die Stationen wurden, aus Sicht des Autors, entsprechend der Schwierigkeit eingefärbt. Grün steht für Basiswissen, Gelb für mittelschwere und Rot für anspruchsvolle Aufgaben. Die farblichen Einschätzungen sind mit Vorsicht zu betrachten: Leicht ist eine Aufgabe für den, der sie als leicht empfindet. Jede Angabe ist stets subjektiv, dennoch hoffe ich, eine ungefähre Orientierung geben zu können.

1.6 Regeln

Regeln zum Ablauf

§1 Die Aufgaben der Stationen werden nicht (!) nachbesprochen.

Der Stoff des Lernzirkels ist relevant für die Klassenarbeit. Er wird nicht (auch nicht im Anschluss an das Stationenlernen) durch die Lehrkraft vorgetragen.

Das ist eine ungewöhnliche und gleichzeitig auch die wichtigste Regel. Durch diese wird das Lernen eigenverantwortlich. Wenn die Lehrperson hinterher nochmal alles vorrechnet, dann braucht es kein Stationenlernen.

Hier klar zu sein ist vor allem dann wichtig, wenn die Schülerinnen und Schüler zum ersten Mal einen Lernzirkel erleben. Mitunter haben Lernende „falsche“ Erfahrungen gesammelt:

- *Gruppenarbeit ist Zeit zum Ausruhen: Einer in der Gruppe erledigt die Aufgaben.*
- *Gruppenarbeit kann nicht von der Lehrkraft überprüft werden, deswegen wiederholt sie sowieso den Stoff am Ende der Einheit nochmals.*

Die Lernenden haben die Möglichkeit zur Selbstkontrolle. Einerseits liegen die Lösungen aus, anderseits stehen Sie für Fragen zur Verfügung.

§2 Die Stationen bleiben an ihrem Ort liegen.

Man weiß nicht nur, was man gelernt hat, sondern auch wo. Auf diese Weise kann der Lernende über den Ort Gelerntes wieder abrufen (Loci-Technik). Verstärken kann man die Wirkung des Ortes, wenn man die Tische (bei 12 ausgewählten Stationen) wie bei einem kleinen 3 x 4-Memory stellt (vgl. Tischordnung in Abschnitt I, Vorbereitung).

Rein optisch verdeutlicht die Umgestaltung des Raumes, dass ein Unterricht mit Stationen von dezentraler Natur ist. Hat man weiteren Raum zur Verfügung (Nebenzimmer, Gang), so kann man den Unterricht entsprechend räumlich ausdehnen.

§3 Ortsfeste Lösungen

An einem bestimmten Ort (zum Beispiel am Pult oder an der Pinnwand) kann der Schüler jederzeit die Lösungen zu den einzelnen Stationen einsehen. Die Lösungen sind so stets erreichbar und nicht irgendwo unterwegs. Damit wird die „Methode der Orte“ (vgl. §2) konsequent weitergeführt.

Die Lösungen werden demnach räumlich von den Aufgaben getrennt. Sie dürfen nicht mit an den Platz genommen werden. Das hat einen didaktischen Grund: Es soll die Idee zur Lösung transportiert werden, nicht diese selbst. Entscheidend ist nicht das, was im Heft steht, sondern das, was gelernt wurde.

§4 Generelle Fragen und Probleme

Wenn jemand ein Problem hat, von dem er vermutet, dass es für viele in der Klasse interessant und hilfreich ist, schreibt er es auf ein dafür vorgesehenes Blatt (z. B. am Tisch mit den Lösungen). Diese Fragen werden in einem passenden Moment im Plenum zusammen mit der Lehrkraft abgearbeitet.

§5 Nur Gruppen-, keine Einzelfragen

Das ist ein organisatorischer Kunstgriff: Die Lernenden müssen sich auf eine Frage *einigen*. Lassen Sie zu, dass jeder sofort die Lehrkraft fragen darf, besteht die Gefahr, dass Sie sehr bald von Fragen überhäuft sind. Eine alternative Regel: Bevor eine Frage an die Lehrkraft gerichtet wird, soll mindestens 30 Sekunden mit einem Mitschüler darüber gesprochen werden.

Mit dieser Maßnahme werden sehr viele Fragen herausgefiltert und Sie haben für echte individuelle Betreuung Zeit. Weiter ist es für die Gruppendynamik förderlich, wenn Lernende zuerst untereinander versuchen, Fragen zu klären.

Die für die Lehrkraft gewonnene Zeit ist von unschätzbarem Wert. Sie können beobachten, intervenieren, sich um einzelne brillante Denker kümmern, sowie Langsameren etwas Schritt für Schritt erklären. So diskutierte ich z. B. mit einer kleinen Schülergruppe die Formel für die Raumdiagonale eines vierdimensionalen Würfels und erklärte einer anderen die Flächenformel für ein Dreieck. Eine höchst individuelle Betreuung ist möglich, da das Stationenlernen den Fortgang des Unterrichts übernimmt.

§6 Verlassen einer Station
Jede Station wird so verlassen, wie sie angetroffen wurde. Die Idee ist, dass jeder neu Hinzukommende selbst haptisch konstruieren kann. Soll beispielsweise die Höhe einer quadratischen Pyramide berechnet werden, dann ergibt es Sinn, dass der Lernende diese auch selbst aufbauen kann und kein fertiges Objekt erhält.

§7 Pausen außerhalb des Klassenzimmers
Die Lernenden können sich ihre Pausen selbst einteilen. Da alle zu unterschiedlichen Zeiten mit einer Aufgabe oder Teilaufgabe fertig sind, finden die Pausen entsprechend individuell statt. Die einzige Bedingung ist, dass wer nicht arbeitet, das Klassenzimmer verlässt. Damit sind Pausenraum und Arbeitsraum räumlich getrennt und es herrscht eine entsprechende Arbeitsatmosphäre.

§8 Artet das Stationenlernen in ein Chaos aus, so wird abgebrochen.
Im „Normalunterricht" müssen und sollen die Lernenden still auf ihren Plätzen sitzen. Löst man allerdings diese Ordnung auf und dürfen sie sich bewegen, können sie mit der erhaltenen Freiheit mitunter nicht umgehen. Vor diesem Hintergrund ist ein sehr klares Auftreten sinnvoll. Die Lehrkraft sollte innerlich bereit sein für den Moment, um abzubrechen. Läuft das Stationenlernen erstmal, kommt der eigentliche Vorteil heraus: kollektives und kameradschaftliches Arbeiten untereinander.

Der Umgang mit der Strenge ist ein Drahtseilakt: Tritt man zu disziplinarisch auf, vergeht den Lernenden die Lust und Ängste stehen im Vordergrund. Den Lernenden sollte erklärt werden, warum die Lehrkraft trotz der offenen Form klarer als sonst im Unterricht auftritt.

§9 Wer Material beschädigt, repariert oder ersetzt es.
Damit wird der Wert des Materials (Stationenkarten, ausgelegtes Material) hervorgehoben. Man lernt leichter mit Dingen, die ansprechend aussehen, die man gern „begreift". Lernen hängt eng mit Ästhetik zusammen.

§10 Jeder Lernende ist für seinen Heftaufschrieb selbst verantwortlich.
Sammeln Sie am Ende des Lernzirkels die Hefte ein und teilen Sie ihren Lernenden mit, dass Sie gespannt sind, wie der eigenverantwortliche Aufschrieb geklappt hat. Damit unterstreichen Sie den Wert der eigenen Notation. Entscheidend ist Ihr Interesse; Noten braucht es dafür nicht. Ein stärkeres Konzept als die äußere Überprüfung durch die Lehrkraft ist das folgende systemische Vorgehen.

Systemische Intervention: Heftaufschrieb

Einen eigenen Heftaufschrieb zu erstellen, in dem ich mich auch noch in drei Wochen zurechtfinde, z. B. wenn ich mich auf die Klausur vorbereite, ist nicht einfach und will gelernt werden.

Ein mögliches Vorgehen für die Praxis gelingt mit einer Aufstellungsarbeit[1] zum stärksten oder besten Hefteintrag:

1. Teilen Sie den Lernenden vor der Arbeit mit dem Stationenlernen mit, dass bei jeder Station die Erstellung eines Heftaufschriebes gefordert ist, der für Lesende nachvollziehbar und ästhetisch ansprechend ist. Es gibt dafür keine Note, aber zu Beginn der nächsten Doppelstunde werden die Hefteinträge gemeinsam angeschaut und es wird nach Stärken gesucht.
2. In der kommenden Doppelstunde legen alle ihre Hefte aufgeschlagen auf den Tisch. Wenn völlige Stille herrscht, stehen alle auf. Schweigend gehen die Lernenden durch den Raum und sehen sich die Aufschriebe ihrer Mitschüler an. Dazu haben sie ca. fünf Minuten Zeit. Die Aufgabe ist, den (subjektiv) besten Heftaufschrieb zu finden. Wer seinen Favoriten gefunden hat, stellt sich zu dem entsprechenden Heft. Und wer mindestens eine konkrete Begründung hat, verschränkt zum Zeichen die Arme. Wenn es schwer ist, *den* stärksten Heftaufschrieb zu finden, dann soll man sich für *einen* stärksten entscheiden. Wenn jeder sich entschieden hat, geht es weiter.
3. Im Allgemeinen verteilt sich die Klasse auf unterschiedliche Hefte. Offensichtlich gibt es nicht den besten Hefteintrag. Das wundert nicht, da bekanntlich Geschmäcker verschieden

1 Aufstellungsarbeit zu fachlichen Themen ist ein sehr starkes unterrichtliches Werkzeug, welches ohne Vorbereitungszeit eingesetzt werden kann. Wenn Sie tiefer einsteigen möchten, werden Sie Freude an dem Buch haben: Martin Kramer: „Aufstellungsarbeit im Klassenzimmer – ein stiller Paradigmenwechsel", Seelze: 2019.

sind. Allerdings gibt es Strategien, die erfolgsversprechend sind. Die Lernenden begründen so konkret wie möglich ihren Standpunkt. Aufgabe der Lehrperson ist es, auf die Exaktheit der Aussagen zu achten. „Allgemeine Wahrheiten" wie etwa *„Das Heft ist übersichtlich gestaltet"* oder *„Farben wurden sinnvoll eingesetzt"* helfen wenig. Fragen Sie also nach, wodurch das Heft übersichtlich gestaltet oder wo eine Farbe sinnvoll eingesetzt wurde. Am besten zeigt eine Feedback gebende Person mit dem Finger genau auf die Stelle, die sie oder er für gelungen hält.

4. In einem weiteren Schritt wird nach Verbesserungs- und Entwicklungsvorschlägen gefragt. Die Gefahr einer Bloßstellung ist an dieser Stelle unproblematisch, schlichtweg deswegen, weil nur die besten Hefte besprochen wurden. Es ist eine Auszeichnung für den Besitzer, wenn sein Heft von vielen als besonders gelungen angesehen wird.

Der Fokus soll in der Übung wieder und wieder darauf gerichtet werden, dass es darum geht, einen für sich persönlich und individuellen besten Heftaufschrieb herstellen zu können. Die anderen Hefteinträge zeigen Möglichkeiten auf, aber jeder entscheidet für sich selbst, was für einen selbst gut und richtig ist.

Didaktische Bemerkungen

- Die Lernenden erleben, dass es nicht den besten Heftaufschrieb gibt. Es geht um Individualisierung, um Subjektivität. Häufig gibt es in der Schule scheinbar die „richtige Lösung" oder „die beste Arbeit".
- Die Übung ist stärkenorientiert. Es wird das Gelungene analysiert und betrachtet und nicht das Misslungene. In Klassenarbeiten wird üblicherweise das Defizit rot angestrichen. Hintergrund der Stärkenorientierung ist, dass das in den Fokus rückt, mit dem weitergearbeitet werden soll. In Schritt 4 wird aufgezeigt, dass das Ziel eines perfekten Heftaufschriebes nie erreicht werden kann. Der Heftaufschrieb ist eine Kunst und wie bei jeder Kunst geht es immer weiter, gibt es stets Entwicklung.
- Bitte führen Sie die Übung nicht unter „verkehrtem Vorzeichen" durch, etwa dass die Lernenden nach dem schlechtesten Heft Ausschau halten. Das hätte Bloßstellung und Verletzung zur Folge und ist „schwarze Pädagogik".
- Es ist sehr wichtig, dass vor dem Aufschrieb klargestellt wird, dass dieser später öffentlich gemacht wird. Ein Heftaufschrieb ist etwas sehr Persönliches. Ebenso soll vereinbart werden, ob im Heft geblättert werden darf oder nicht. Empfohlen wird, dass beim ersten Durchlauf nicht geblättert wird. Die Lernenden können sogar in ihrem Heft Flächen abdecken, die sie nicht zeigen möchten.
- Es ist gut, wenn die Übung regelmäßig durchgeführt wird. Beim nächsten Mal kann man Gesehenes umsetzen. Die zeitlichen Abstände können mit der Zeit größer werden.

1.7 Durchführung

Für den Fortgang des Unterrichts brauchen Sie jetzt nicht mehr zu sorgen. Der Unterricht ist ab jetzt ein Selbstläufer. Sie haben die Möglichkeiten, zu beobachten oder sich um sehr schnelle oder langsame Lernende zu kümmern. Im ersten Moment kann sich das seltsam anfühlen, wenn der Unterricht Sie nicht mehr „braucht". Nach kurzer Zeit werden Sie großen Gefallen an der neuen Rolle finden.

Nehmen Sie sich ab und an komplett aus dem Unterrichtsgeschehen heraus und beobachten Sie die Szene von außen. Es ist ein Blick, den Sie im „normalen" Unterricht nicht haben.

1.8 Vertiefung und Verortung

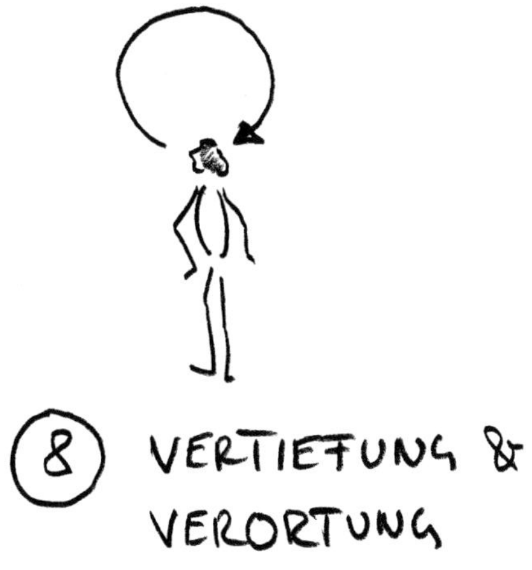

Vorgestellt werden fünf Möglichkeiten zur Nachbereitung. Alle orientieren sich an einer systemischen Didaktik, insbesondere nehmen Lernende unübliche Rollen ein.

Selbsteinschätzung

Nach Abschluss des Stationenlernens schätzen die Lernenden sich selbst anhand eines Kompetenzrasters (Material Selbsteinschätzungsbogen, S. 60) ein. Anschließend erteilen sie sich selbst eine Note. Die Selbsteinschätzung ist eine Selbstreflexion und braucht niemandem gezeigt zu werden. Es ist sinnvoll, die Selbsteinschätzung vor der Fremdeinschätzung durchzuführen.

Hintergrund

Ein Test (äußere Lernzielkontrolle) wird von Lernenden häufig als „wahrer" oder „richtiger" empfunden als die eigene innere Wahrnehmung. Das liegt vor allem daran, dass die Lernenden an Klassenarbeiten und Tests als Standardverfahren zur Leistungskontrolle gewöhnt sind. Die innere Wahrnehmung ist meist wenig geschult. Systemisch betrachtet ist jedoch weder die Fremd- noch die Selbsteinschätzung „richtiger", vielmehr handelt es sich um zwei verschiedene Perspektiven. Es geht also nicht darum, sich für den folgenden Test „richtig" einzuschätzen. Häufig sitzen gute Mathematiker in einer Klasse, die in Tests nicht besonders gut abschneiden. Andersherum gibt es Lernende, die schlichtweg wissen, wie man bei einem Test gut abschneidet, obwohl sie trotz guter Ergebnisse nicht sehr tief in mathematisches Denken eingedrungen sind. Selbst- und Fremdeinschätzung sind schlichtweg zwei Wahrheiten.

Fremdeinschätzung (Test)

Der Test (Kapitel 4, S. 61) orientiert sich an den Pflichtstationen bzw. an den Kompetenzen im Selbsteinschätzungstest. Er wird klassisch durchgeführt. Die Zeitvorgabe beträgt je nach Klasse zwischen 15–20 Minuten.

Vom Prüfling zum Prüfer

Anschließend werden die Tests zur Korrektur (Hausaufgabe) ausgetauscht. Dabei sucht sich jeder Schüler einen möglichst „fremden" Mitschüler aus, d. h. jemanden, mit dem er ansonsten eher wenig zu tun hat. Korrigiert wird mithilfe eines Lösungsvorschlages (Kapitel 4, S. 62) zu Hause. Dieser kann entweder als Kopie mitgegeben oder auf eine digitale Plattform gestellt werden. Die Prüfer errechnen die Gesamtpunktzahl und unterschreiben mit ihrem Namen. Stellen Sie klar, dass keine „dummen Sprüche" unter den Test geschrieben werden. Probleme bei der Korrektur werden in der Folgestunde gemeinsam besprochen.

Hintergrund

Die Lernenden wechseln mit der Korrektur in die Rolle des Prüfers. Dabei fühlen sie sich in die neue Rolle ein, indem sie sich überlegen müssen, wie viele Punkte und Teilpunkte sie für eine Aufgabe geben. Was genügt zur Lösung? Ist der Lösungsweg ausreichend, wie stark wird er bewertet? Was zählt ein Ansatzfehler, was ein Denkfehler? Wie reagiere ich als Korrektor auf Unlesbarkeit, wie bei zwei Lösungsvorschlägen?

Es ist nicht einfach, ein Prüfer zu sein. Dieselben Aufgaben werden von einem anderen Standpunkt aus gesehen. Vielleicht schätzen die Lernenden hinterher Ihre Korrektur mehr. Weiter lernen die Schülerinnen und Schüler, dass es keine objektiv richtigen Noten gibt, sondern dass diese vom Korrektor mit abhängen. In der erweiterten Übung „Schülerinnen und Schüler erstellen die Klassenarbeit" (S. 24) wird zusätzlich deutlich, dass die Aufgaben an sich nicht objektiv ausgewählt werden können. Stets gibt es immer eine Person oder ein Gremium, die bzw. das Aufgaben auswählt oder korrigiert.

Aufgaben nach ihrem Sinn hinterfragen

In dieser Übung nehmen die Schüler wieder eine neue Rolle ein. Sie reflektieren über Inhalt und Sinn der Aufgaben und betrachten damit die Aufgaben auf einer Metaebene, etwa wie Bildungsexperten über Schulbuch- und Prüfungsaufgaben nachdenken: Als Teilnehmer einer Prüfungskommission.

Umsetzung

Die Übung dauert etwa eine Schulstunde und sollte mit etwas zeitlichem Abstand (Folgestunde an den Lernzirkel) durchgeführt werden.

Die Stationen werden erneut aufgebaut. Der Arbeitsauftrag besteht darin, die einzelnen Stationen nach ihrem Gehalt zu hinterfragen:

- Was ist die zugrundeliegende Idee hinter der Aufgabe?
- Welche Fähigkeit soll jeweils gelernt werden?

Die Schüler nehmen ihren Laufzetteln und notieren sich Hintergründe zu den Aufgaben. In den ersten fünf Minuten wird nicht gesprochen, jeder macht sich allein Gedanken. Dann wird das Schweigen gebrochen und die Schüler diskutieren gegenseitig über den Sinn und Zweck der Aufgabe. Man muss hierzu nicht jede Aufgabe selbst bearbeitet haben, um die Idee dahinter zu erkennen. Meine Ideen hinter den Aufgaben finden Sie auf Seite 21.

Es darf auch kritisch auf die Aufgaben geschaut werden. Vielleicht fehlt sogar eine Thematik? Vielleicht gibt es eine passendere, originellere Aufgabe? Falls ja, lassen Sie es den Autor für die nächste Auflage wissen! Am Schluss gehen Sie gemeinsam mit den Lernenden die Aufgaben durch!

Bemerkung

Das Hinterfragen von Aufgaben können Sie auch mit dem Mathebuch durchführen. Der Arbeitsauftrag könnte in diesem Fall lauten: „Lest bitte die Aufgaben auf S. 123 im Buch durch und überlegt euch, welche Ideen darin enthalten sind. Was soll hier gelernt werden? Welche ist aus eurer Sicht die lehrreichste Aufgabe?“

Hintergrund

Schüler reflektieren selten darüber, ob Aufgaben Sinn ergeben oder nicht. Das Hinterfragen des „Warums“ kommt in der Praxis häufig nicht vor: Die Lehrkraft stellt Klassenarbeiten oder Hausaufgaben und die Schüler arbeiten diese ab. Darin steckt eine doppelte Gefahr.

Die erste ist fachlicher Natur: Wer nur Aufgaben bearbeitet und nicht auf ihren Gehalt hinterfragt, der strukturiert weniger. Mathematik lässt sich wörtlich als „die Kunst zu strukturieren“ übersetzen – ohne Struktur verkommt sie zum Rechnen. Gerade bei eigenverantwortlichen Heftaufschrieben ist es von großem Vorteil, wenn die Idee hinter der Aufgabe verstanden ist.

Die zweite ist gesellschaftlicher Natur: Wenn Schüler daraufhin konditioniert werden, Dinge abzuarbeiten und nicht zu hinterfragen, dann nehmen sie vielleicht auch gesellschaftliche und politische Entscheidungen einfach hin, ohne diese zu hinterfragen. Letzten Endes gefährdet das unsere demokratische Ordnung, die auf der Grundlage eines unabhängigen Denkens und nicht auf Schwarmintelligenz basiert. Die Übung passt somit sehr gut in einen „demokratischen Unterricht“.

Rechnen können auch Maschinen, sogar besser und schneller als der Mensch. Aber in der Disziplin der mathematischen Bildung, also dem Verständnis von Strukturen und Zusammenhängen, tun sich Maschinen schwer. Daher sind Fragen über Hintergründe und Strukturen von zentraler Bedeutung – zumindest für den Lehrer, der „Mathematik“ und nicht „Rechnen“ unterrichten möchte.

	Nr.	Name der Station	Ideen hinter den Aufgaben
Pflichtstationen	5	Domino	*Sicherheit im Umrechnen von Einheiten*
	7	Gewichte	*eine Größenvorstellung von Gewichten erhalten*
	11	Zeit schätzen	*Größenvorstellung von Zeit, subjektive Wahrnehmung und Messung*
	12	Streichholzschachtel	*Größenvorstellung, Umrechnen von Einheiten, sinnvolle Einheiten*
	13	Winkel schätzen	*Größenvorstellung von Winkelweiten*
Wahlstationen	1	Klopapier	*Größen konkret messen, Größenvorstellung*
	2	Rechtecke	*Idee der Eindeutigkeit: Fläche und Umfang definieren genau ein Rechteck.*
	3	Mit Augenmaß	*Unsere Wahrnehmung von Größen unterscheidet sich von der Messung.*
	4	Umfang und Fläche des Klassenzimmers	*Modellierung (Klassenzimmers als Rechteck), konkrete Anwendung*
	6	Haare	*Idee der Stichprobe (Grundlage medizinischer und psychologischer Studien)*
	8	Die längste Schnur	*Grundidee der Messung ist das Vergleichen (vgl. die Idee des Urmeters in Paris)*
	9	Modell und Wirklichkeit	*Interpretation von Bildern, Idee des Maßstabes*
	10	Quadratkilometer	*Basiskompetenz, um Landkarten zu lesen*
	14	Bankbesuch	*Genauigkeit (bei periodischen Wiederholungen) durch Mittelwertbildung erhöhen*

Aufstellung zu fachlichen Themen

Diese Übung vertieft die vorherige. Die Lehrperson wartet auf Stille und stellt die Frage: „An welcher Station hast du am meisten gelernt?" Wieder herrscht Stille, jeder beantwortet für sich die Frage, indem er zu der entsprechenden Station hingeht. Im Anschluss fragt die Lehrkraft, was *genau* jeweils gelernt wurde. Fragen Sie nach! Die Antworten sollen, wie beim Heftaufschrieb (S. 17/18), so exakt wie möglich gegeben werden; „allgemeine Wahrheiten" bringen nichts.

Mit dieser Form der Aufstellungsarbeit kann weiter reflektiert werden. Interessante Fragen sind:

- „Welche Station ist am lehrreichsten?"
- „Wenn man eine Station weglassen müsste, welche sollte das sein und warum?"
- „Fehlt eine Station? Gibt es eine weitere interessante oder sinnvolle Station, welche noch nicht existiert?"

Sowohl Sie als auch die Lernenden können Fragen stellen. Zwei bis drei Aufstellungen genügen.

Hintergrund

Die Lernenden schlüpfen erneut in eine andere Rolle. Beim Test haben sie Aufgaben gelöst und sich gegenseitig korrigiert. Hier waren sie Prüflinge und Prüfer. In dieser Übung wechseln die Lernenden in die Rolle eines Teilnehmenden einer Prüfungskommission und betrachten die Aufgaben aus einer Metaebene heraus.

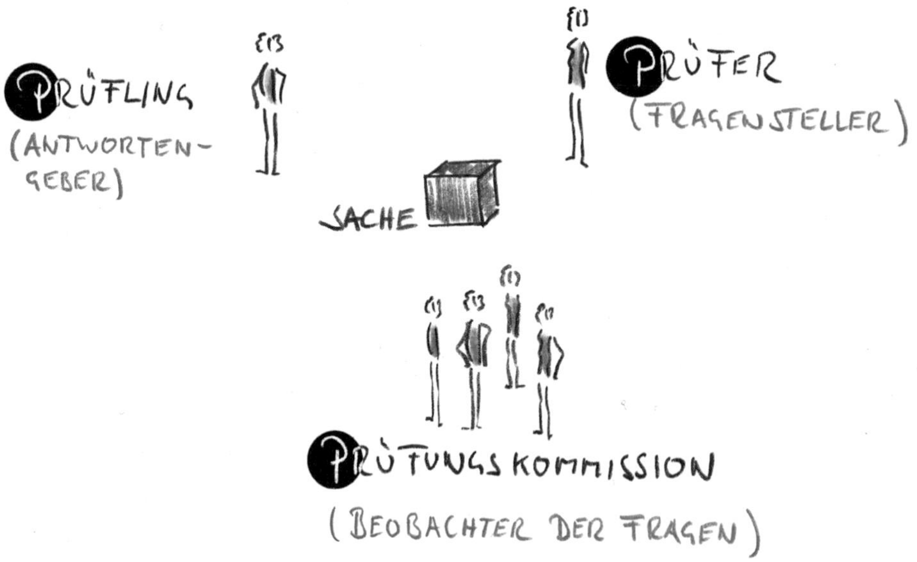

Insgesamt durchleben die Lernenden das Thema in drei verschiedene Perspektiven: Als Prüfling, als Prüfer und als Teilnehmer einer Prüfungskommission.[2]

2 Das PPP-Prinzips (dreifacher Perspektivenwechsel: Prüfling, Prüfer, Prüfungskommission) ist ein sehr starkes Werkzeug zur Gestaltung unterrichtlicher Kommunikation. Eine ausführliche Darstellung finden Sie bei Martin Kramer: „Teamwork, Empathie, unabhängiges Denken", erschienen bei Klett Kallmeyer 2021.

Landkarte des Wissens

Die Technik wird auch „Mapping“ oder „Clustering“ genannt und dient dem Vernetzen von Wissen. Der Fokus liegt nicht auf den einzelnen Wissensbausteinen, sondern auf deren Bezügen untereinander. Das Neugelernte, wie auch bekanntes Wissen, wird auf diese Weise vernetzt und „verortet“.

Eine Landkarte besteht aus Hauptstädten und kleineren Orten, Verbindungsstraßen und Querverbindungen. Eine ähnliche Landkarte soll für das Wissen erstellt werden. Welche Themen liegen nahe beieinander, welche Stationsaufgaben gehören zusammen, wo gibt es Verbindungen?

Diese Lerntechnik ist ebenso bei komplexeren Prüfungen und Stoffgebieten sehr sinnvoll. Die folgende Abbildung zeigt die Landkarte einer Studentin aus einer Didaktikvorlesung.

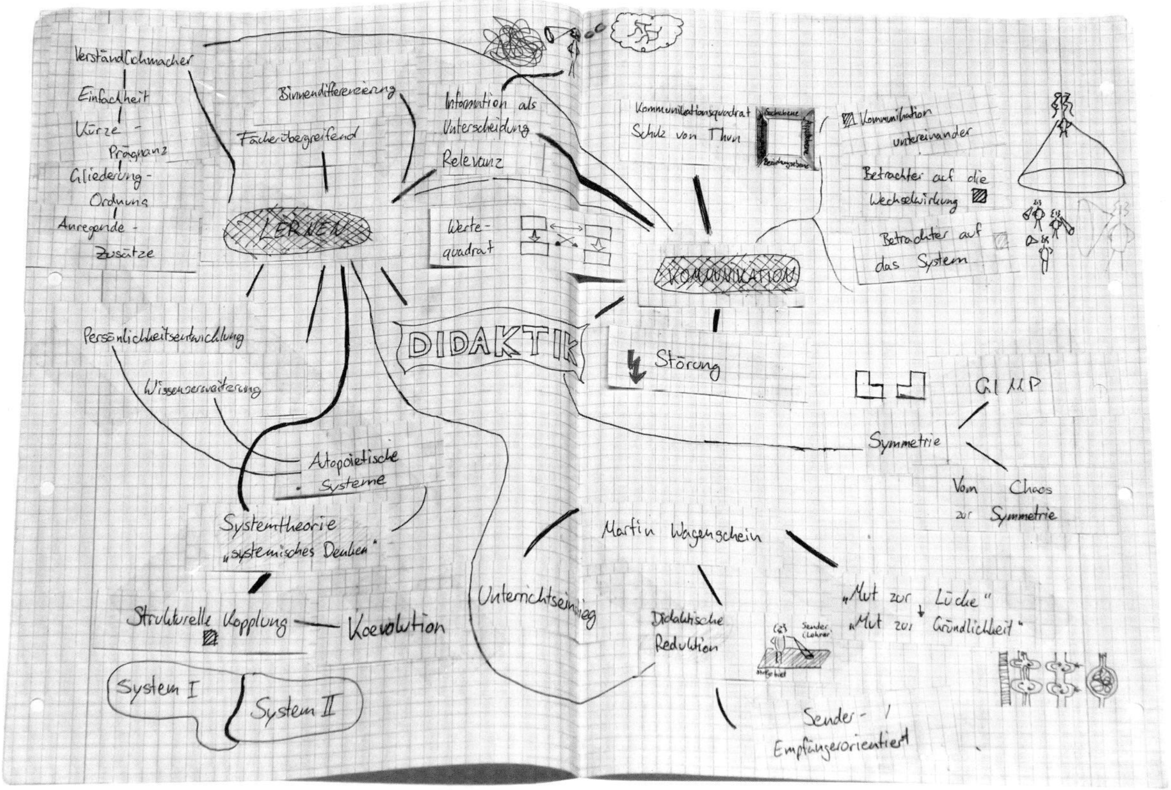

Bausteine bzw. „Städte“ für die Landkarte *Rechnen mit Größen* finden sich auf einem DIN-A4-Blatt zum Ausschneiden (Kapitel 4, S. 59). Bewusst sind nicht alle Bausteine ausgefüllt, sodass eigene von den Lernenden hinzugefügt werden können und sollen. Beziehungen zwischen einzelnen Orten (Karten) werden durch räumliche Nähe oder durch Pfeile (oder veränderbar durch Bleistifte) hergestellt.

Beschrieben ist das Mapping bisher als Einzelaufgabe; es eignet sich in dieser Form als Hausaufgabe. (Soll diese fixiert werden, kleben die Lernenden die Landkarte auf eine Doppelseite ins Heft.)

Mapping als Kleingruppenaufgabe

Die Aufgabe, eine Landkarte des Wissens zu erstellen, kann zusätzlich in der Kleingruppe (drei bis vier Personen) sehr sinnvoll erweitert werden. Jede teilnehmende Person wählt dabei fünf ihrer wichtigsten „Städte“ aus bzw. schreibt diese auf Karten. Reihum werden diese ausgespielt. Wer dran ist, ordnet alle bereits liegenden Karten neu an und fügt anschließend eine eigene Karte hinzu. Mit der Regel, dass nicht mehr als 12 Karten gelegt werden dürfen, bleibt die Übersicht erhalten. Wer die Karte Nr. 13 legt, muss eine zur Seite legen.

Die Lernenden befinden sich in einer paradoxen Situation: Die Verortung und Strukturierung des Wissens ist höchst individuell. Jeder in der Kleingruppe hat entsprechend eine andere Landkarte im Kopf. Das lässt sich leicht überprüfen, wenn die Landkarten als Hausaufgabe gestellt werden: Es wird ohne Absprache keine zwei identischen Landkarten geben. Trotzdem soll in der Gruppe um eine gemeinsame Landkarte, also um eine gemeinsame Sichtweise, gerungen werden. Hier geht es nicht um die „richtige“ Landkarte, sondern um den Austausch von Argumenten, warum ich die Inhalte gerade so und nicht anders verorte. Es ist eine sehr gute Möglichkeit, um über Mathematik zu sprechen.

Hinweis

Das Materialblatt vereinfacht die Anwendung und wird öfters und zu anderen Themen strukturiert. Ist die Vorgehensweise bekannt, ist es sinnvoller, wenn die Lernenden die Bausteine für ihre Landkarte selbst entwerfen. Beispielsweise können selbstgeschriebene Karteikarten als Landkarte ausgelegt werden.

Noch mehr Eigenverantwortlichkeit: Schülerinnen und Schüler erstellen eine Klassenarbeit

Sie können zusammen mit Ihrer Klasse noch einen Schritt weitergehen und die Klassenarbeit gemeinsam entwerfen. Diese muss nicht durch die Lehrperson fremdbestimmt sein. Die Lernenden können eigenständig Aufgaben entwerfen, wo Sie als Lehrperson anschließend die Struktur übernehmen. Schlussendlich besteht die „kommunikative Klassenarbeit“ zu ca. 70 % – 80 % von den Lernenden und, damit ein Transfer möglich wird, 20 % – 30 % aus Ihrer Feder. Sie erhalten durch die Arbeit der Lernenden einen klaren Einblick in deren Denkweise. Die Lernenden sind von der Vorgehensweise meist sehr angetan. Nicht, weil sie es sich leichtmachen wollen, im Gegenteil, sondern weil sie mitspielen dürfen.[3]

1.9 Ein letzter Hinweis zur Umsetzung

Lassen Sie sich Zeit. Offene Unterrichtsformen, die eigenverantwortliches Arbeiten fordern und fördern, die Lernende in den Mittelpunkt stellen, ihnen subjektive Entscheidungen ermöglichen, sind eine große Herausforderung. Aus einem sozialpädagogischen Blickwinkel ist selbstorganisierendes Lernen für viele Neuland. Jedoch können Lernende mehr, als nur von der Tafel abzuschreiben oder Lückentexte auszufüllen. Sie können konstruieren, sie können sich ihre eigene mathematische Vorstellungswelt erschaffen und dabei Selbstwirksamkeit erfahren. Diese Erfahrung ist eines der wichtigsten Bildungsziele überhaupt.

3 Die genaue Vorgehensweise ist ausführlich in Martin Kramer: „Teamwork, Empathie, unabhängiges Denken“, Seelze: 2021 beschrieben.

2 Didaktik

Das vorliegende Material ist Ausdruck einer Haltung dem Lernen und den Lernenden gegenüber. Dieses Kapitel gibt einen Einblick über die zugrundeliegende systemisch-konstruktivistische Didaktik.

2.1 Wie soll gelehrt werden, damit gelernt werden kann?

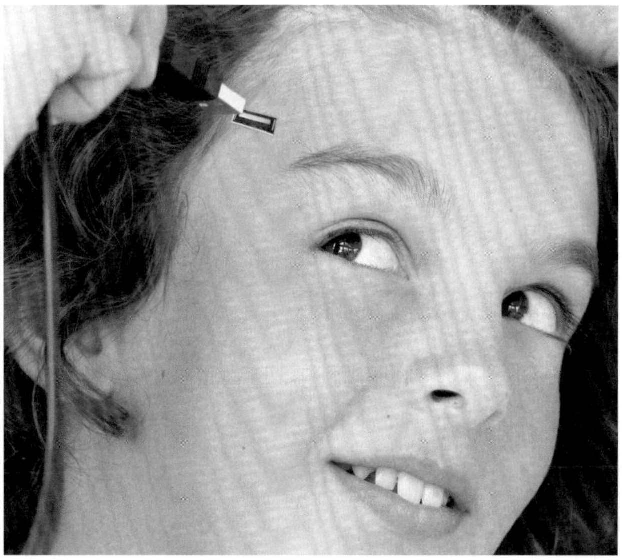

Der Lernende entscheidet, was gelehrt wurde

Aus heutiger Sicht kann man Lernenden, in einem direkt-kausalen Sinne, nichts beibringen. Eine direkte Schnittstelle zwischen Mensch und Wissensgebiet existiert nicht, alles Denken wird prinzipiell eigenständig konstruiert. Das ist eine Eigenart von autopoietischen (= selbsterschaffenden) Systemen, wie dem Bewusstseinssystem. Technische Systeme sind von ganz anderer Natur. Dort können Daten verabreicht, eingefügt, vervielfältigt und kopiert werden.

Lernen zu ermöglichen, ist keine technische Sache: Wir können unser Gehirn nicht „hochfahren" oder etwas „down- oder uploaden". Mit den Worten von Ulrich Herrmann[4]:

> „Das Gehirn ist kein Datenspeicher, sondern ein Datengenerator durch die autonome Organisation der Speicherung und Verknüpfung von Informationen und der Konstruktion von deren Bedeutungen." [5]

Die Möglichkeit einer direkten Vermittlung oder Übertragung von Stoff oder Schulwissen gibt es nicht. Eine etwaige maschinelle Vermittlung von Unterrichtsinhalten im Sinne einer Input-Output-Relation ist unbrauchbar. Friedemann Schulz von Thun[6] spricht in diesem Zusammenhang vom „Machwerk des Empfängers":

> „Die ankommende Nachricht ist ein Machwerk des Empfängers. [...] Im Unterschied zu Paketen, die mit der Post ankommen, ist der empfangene Inhalt [...] nicht gleich dem abgesendeten Inhalt." [7]

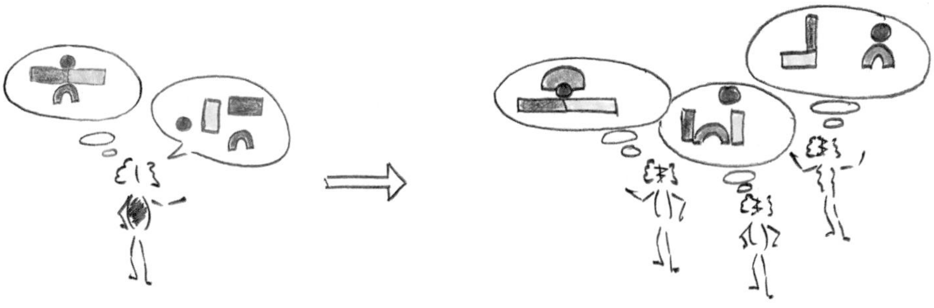

4 Prof. Dr. Ulrich Herrmann war Professor für Allgemeine und Historische Pädagogik in Tübingen und Professor für Schulpädagogik an der Universität Ulm.

5 Ulrich Herrmann: *Neurodidaktik* (2. Aufl.). Weinheim und Basel: 2009 Beltz

6 Prof. Dr. Schulz von Thun ist Psychologe und Kommunikationswissenschaftler in Hamburg. Bekannt geworden ist er vor allem durch sein Kommunikationsquadrat bzw. durch sein Vier-Ohren-Modell.

7 Friedemann Schulz von Thun: *Miteinander Reden*, Bd. 1. (48. Aufl.) Hamburg: 2010 Reinbek, S. 61

Niklas Luhmann[8] wird noch deutlicher:

> „Die Übertragungsmetapher ist unbrauchbar, weil sie zu viel Ontologie impliziert. Sie suggeriert, dass der Absender etwas übergibt, was der Empfänger erhält. [...]. Die Übertragungsmetapher legt das Wesentliche der Kommunikation in den Akt der Übertragung, in die Mitteilung. Sie lenkt die Aufmerksamkeit und die Geschicklichkeitsanforderungen auf den Mitteilenden. Die Mitteilung ist aber nichts weiter als ein Selektionsvorschlag, eine Anregung."[9]

Um einem Irrtum vorauszueilen: Dass der Schüler (= Empfänger) darüber entscheidet, was gelehrt wurde, bedeutet nicht, dass die Darstellung der Lehrperson (= Sender) nicht wesentlich ist. Das radikale an diesem Ansatz ist, dass Lernen als ein aktiver Prozess verstanden wird, der Lernende ist der Gestalter seines Wissens. Er, der Empfänger, ist der Aktive.

Indirektes Lehren: Lernumgebungen gestalten

Da Wissen nicht direkt verabreicht werden kann, rückt an die Stelle des „Trichters" (der direkten Vermittlung) die Lernumgebung (indirekte Vermittlung).

Keine Lehrperson kann sicherstellen, dass das gelernt wird, was gelernt werden soll. Aber es lassen sich Wahrscheinlichkeiten für Lernprozesse erhöhen. Diese werden erhöht durch eine ansprechende Gestaltung und durch eine geeignete Struktur und Übersicht.

Passgenaues Lernen durch den Lernenden

Das Gestalten von Lernumgebungen ist nicht einfach eine andere Technik des Unterrichtens. Lernen wird völlig anders konzeptualisiert als in einem klassischen Unterrichtsverständnis. Der Lernende ist hier viel stärker gefordert. Da der Aufbau von Wissen ausschließlich (!) ein autonomer Prozess ist, besteht die Idee darin, dass der Lernende selbst am besten entscheiden kann, was und wie er lernt. Keine Lehrperson, kein Lernprogramm kann so individuell und so passgenau das effektivste Vorgehen verordnen, wie der Lernende selbst. Das ist ein radikaler Ansatz. Es benötigt den Glauben, dass das Bewusstseinssystem des Lernenden das Richtige für seine Entwicklung tun wird.

Damit dies geschehen kann, damit in Freiheit gelernt werden kann, braucht es eine klare Struktur. Die Lernenden „einfach machen zu lassen" ist ein falsch verstandener systemischer Ansatz. Es gilt genau hinzuschauen. Es geht nicht um Willkür, etwa in dem Sinne, dass der Lernende „machen kann, was er will" und sich z. B. Vermeidungsstrategien hingibt. Der Rahmen (die Struktur) ist durch das Thema des Mathematikunterrichtes vorgegeben, aber innerhalb dieses Rahmens kann sich der Lernende frei bewegen. Das ist die Idee der vorbereiteten Umgebung bzw. des hier vorliegenden Aufgabenangebotes.

2.2 Vorbereitete Lernumgebungen

Wie sollten Lernumgebungen gestaltet werden? Was ist die Lösung?

1. Braucht es mehr *Freiheit* oder mehr *Struktur* im Klassenraum?
2. Ist *Handeln und Erleben* oder die *Abstraktion* der Königsweg?
3. Geht es beim Lernen um *Inhalte* oder um ein *soziales Miteinander*?

Es gibt keine einfache Lösung: Beide Seiten stehen für Qualitäten, die für sich gesehen jeweils „richtig" sind. Das Verständnis dieser drei grundlegenden Paradoxien sind für die Gestaltung von Lernumgebungen wesentlich. Die Lösung des Paradoxen liegt nicht in der Negierung der einen Qualität, sondern in der Entfaltung des Paradoxen.

Freiheit und Struktur – das Spiel ernst nehmen

Lernfreiheit ist wichtig. Um eigenverantwortlich gestalten zu können, benötigt der Schüler die Möglichkeit, eigene Wege zu gehen. Er weiß am besten, was er gerade lernen kann. Auch für die Lehrkraft ist die Entscheidungsfreiheit des Lernenden wichtig: In dem freien Handeln gibt der Schüler Informationen über sich preis, an denen die Lehrperson erkennen kann, wo der Schüler gerade steht.

---

8 Niklas Luhmann (1927–1998) ist der wichtigste deutschsprachige Vertreter der soziologischen Systemtheorie und der Soziokybernetik.

9 Niklas Luhmann: *Soziale Systeme. Grundriß einer allgemeinen Theorie (15. Aufl.).* Frankfurt a. M.: 2012 Suhrkamp, S. 193

Auf der anderen Seite braucht es eine klare Struktur, ansonsten wird Freiheit zu Chaos. In der Beliebigkeit gibt es keine freie Entscheidung, da es keine Struktur gibt, in der eine bestimmte Entscheidung einen Unterschied macht und somit an Bedeutung gewinnt. Struktur und Freiheit bedingen und ermöglichen sich gegenseitig.

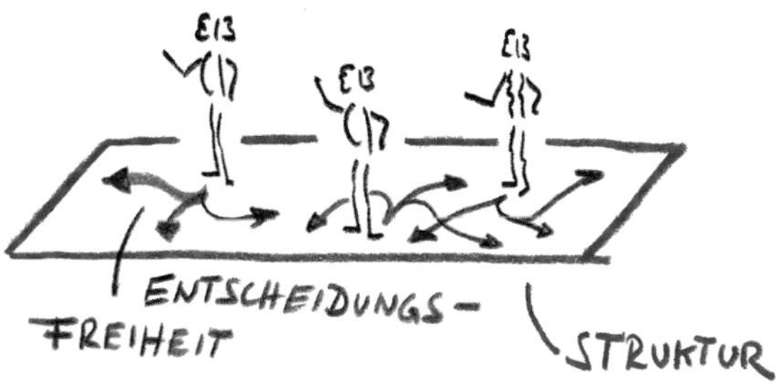

Wo gibt es ein Nebeneinander von Freiheit und Struktur? Im Spiel ist die Antwort grundlegend. Das Spiel überwindet das Paradoxe: Keine Regel ist strenger als die Spielregel. Man denke etwa an die Regeln beim Schach. Gerade dadurch, dass es einen Unterschied macht, ob eine Figur sich auf diesem oder jenem Feld befindet, entsteht ein unvorstellbarer Möglichkeitsraum, in dem sich die Spielenden frei entfalten können. Kurz: Wir müssen das Spiel für den Unterricht ernst nehmen. Das Spiel ist keine Spielerei. Es ist ein geniales Lernkonzept.

Umsetzung in der Lernumgebung
Die vorliegende Lernumgebung gibt durch das Angebot an Aufgaben eine klare Struktur vor. Der Schüler kann frei wählen, welche Aufgaben er in welcher Reihenfolge und in welcher Zeit erledigt. Wie in einem Schachspiel kann er die Felder nicht wählen, aber seine Züge bzw. seinen Weg.

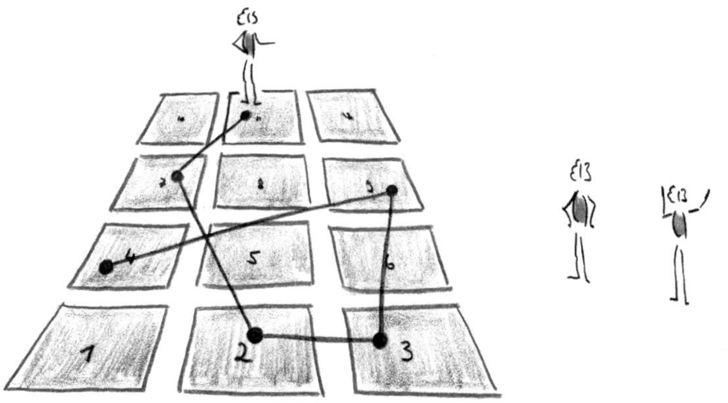

Auf diese Weise treffen sich Lernende, die dieselbe Aufgabe bearbeiten möchten, an derselben Stelle. Das Interesse ist ortskodiert. Man beachte: Jeder Lernende geht seinen eigenen Weg und trifft am Ort des Lernens Gleichgesinnte. Dieser Vorteil wird durch Freiheit und Struktur erst ermöglicht.

Weiter erhält der Schüler ein Übersichtsblatt über die verschiedenen Aufgaben. Auch dieses gibt eine Struktur vor.

Geist und Körper – Begreifen durch Begreifen

Das menschliche Bewusstsein ist ein autonomes System. Alles Denken wird mittels interner Strukturen erzeugt. Ebenso ist der menschliche Körper autonom. Beide autopoietischen Systeme entsprechen einander, jedoch lässt sich anhand des Körpers die Autonomie anschaulich „begreifen“: Der Körper braucht notwendigerweise Nahrung, um sich entwickeln zu können. Das ist offensichtlich eine Voraussetzung für das Wachstum. Jedoch ist der Mensch nicht das, was er isst. Eine Spaghetti wird im Körper nicht einfach „eingebaut“. Sie wird verdaut und die innere Struktur entscheidet darüber, was mit den Inhaltsstoffen geschieht. Anders formuliert: Eine Spaghetti bleibt im Körper keine Spaghetti. Das Meiste wird sogar ausgeschieden und von dem, was beim Verdauungsprozess aufgenommen wird, „weiß“ der Körper selbst, wie er damit seinen Körper aufbaut.

Ebenso verhält es sich mit der geistigen Nahrung. Es braucht eine Anregung von außen, aber was an welcher Stelle gelernt wird, wird durch einen internen „Verdauungsprozess“ und autonom entschieden. Keine Lehrkraft kann sicherstellen, dass das Umrechnen von Einheiten „drin bleibt“. Auch dieses wird verdaut, umgebaut, sodass es für die innere Systemlogik zur Verfügung steht. In jedem Kopf ist das Umrechnen anders repräsentiert, in jedem Gehirn feuern andere Neuronen, um das Gelernte abzurufen. Bildung ist ein höchst individueller Prozess.

Gegenseitige Anregung
Die Systeme – Geist und Körper – regen sich gegenseitig an. Der Geist ist die Umgebung des Körpers und der Körper die Umgebung des Geistes.

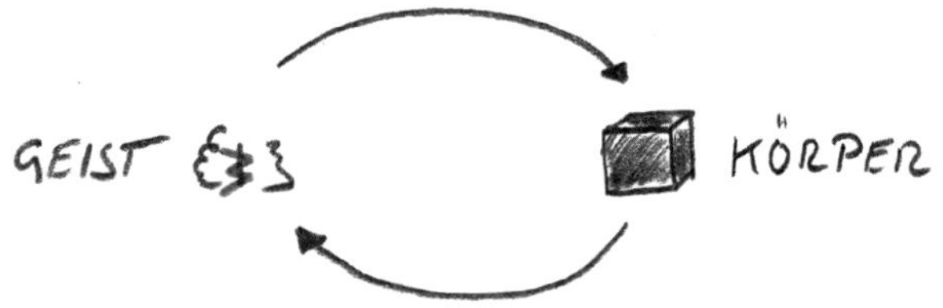

Das entspricht einem gehirngerechten Lernen. Unser Gehirn operiert sowohl formal und abstrakt, als auch bildhaft, aktiv und kreativ.

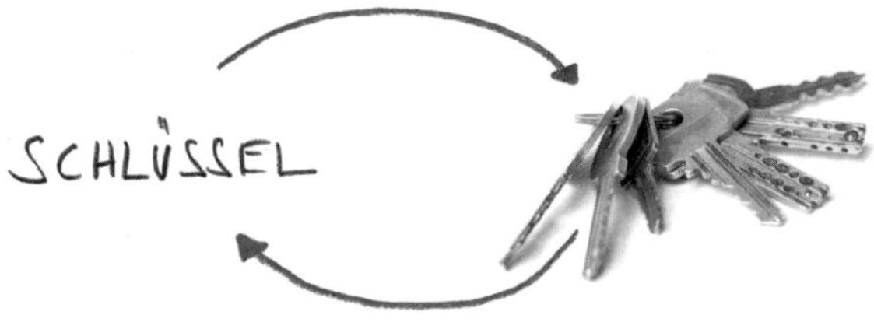

Umsetzung in der Lernumgebung
Alle Aufgabenangebote besitzen ein handlungsorientiertes Element. Entweder liegt ein Gegenstand der Aufgabe bei oder es wird eine soziale Interaktion angeregt.

Ein Beispiel: Wie hoch ist die Wahrscheinlichkeit, bei einem Bund mit sieben Schlüsseln mehr als zwei Versuche zu benötigen? Liegt der Aufgabe ein entsprechender Schlüsselbund bei, dann wird dieser zum Denken verwendet. Es handelt sich daher um eine andere Aufgabe, als wenn nur ein Text gelesen wird. Die Umgebung (Gegenstand und / oder soziale Interaktion) macht den Unterschied. Durch eine Box können die Materialien zusammen mit den Aufgaben aufbewahrt werden. Somit ist die vorbereitete Lernumgebung direkt einsetzbar.

Fachlichkeit und Beziehungsaspekt

Kennen Sie die *Sendung mit der Maus*? Bei der Herstellung von Sachbeiträgen ist die erste und grundlegende Idee zu unterhalten. Der gesendete Sachbeitrag hat gar keine andere Möglichkeit. Soll die *Sache* etwas bewegen, muss sie angeschaut werden und wenn kein Unterhaltungswert da ist, wird abgeschaltet. Bei einer anspruchsvollen Unterhaltung geht es nicht ums Konsumieren, es geht darum, dass die Sache in Beziehung mit mir steht. Wer spürt, dass die Sache etwas mit ihm zu tun hat, bleibt bei der Sache. Ansonsten wird abgeschaltet – sei es im Unterricht oder bei der *Sendung mit der Maus*.

„Reines Fachwissen", losgelöst von der eigenen Lebenswelt, wird zum trockenen Schulstoff. Für Beziehungen ist häufig der erste Augenblick entscheidend. Daher ist Ästhetik ein wichtiger Aspekt der ersten Begegnung. Dinge, die schön gestaltet sind, sind „ansprechend". Man fühlt sich angezogen und angesprochen. Ästhetik ist keine bloße Ausschmückung, sie entscheidet über den ersten Kontakt, der für das „Begreifen" entscheidend ist.

Umsetzung in der Lernumgebung

- Die Gruppenbildung erfolgt themenzentriert. Wer Interesse an einem bestimmten (sachlichen) Thema hat, trifft auf Gleichgesinnte. Die Lernenden begegnen sich (Beziehungsebene) bei einer bestimmten Aufgabe (Sachebene). Viele Übungen, auch wenn Sie allein durchführbar sind, zielen auf die gemeinsame Interaktion.
- Mathematikaufgaben sollen unterhalten, und zwar auf anregende Art und Weise.
  Wer frei eine Aufgabe wählen kann, nimmt die, die ihn am meisten anspricht.
- Wenn ein vorgegebener Schlüssel wie im letzten Abschnitt untersucht wird, dann ist es für mich als Lernender vor allem interessant, wie es sich bei meinem Schlüssel verhält. Natürlich kann ich mit dem Schlüssel der Lehrperson rechnen, aber mein Schlüsselbund hat viel mehr mit mir zu tun. Das zugehörige Experiment ist einfach: Nehmen Sie Ihren eigenen Schlüssel in die Hand. Weil es *Ihr* Schlüssel ist (und nicht „nur" weil sie ihn haptisch begreifen), ist die Aufgabe für Sie bedeutsamer.
  Leider gibt es für den eigenen Schlüssel keine Standardlösung beim Stationenlernen. Daher sind die Lösungsvorschläge in solchen Fällen exemplarisch gehalten.
- Beziehung und Ästhetik sind eng verwandt. Wir greifen nach Dingen, die uns „ansprechen", die ästhetisch wertvoll sind. Achten Sie in diesem Sinne auf die Materialien. Sind diese verschmiert oder zerknittert, sprechen sie den Lernenden nicht mehr an. Was für das Essen gilt, gilt auch für geistige Nahrung. Je ansprechender diese serviert wird, desto besser. In diesem Sinne ist auch die Aufforderung „Alle Dinge, die nicht benötigt werden, verschwinden in die Schultasche!" in erster Linie eine ästhetische Intervention.
  Am Essenstisch liegt ja auch nicht alles Mögliche herum.

3 Stationen

Folgendes Material sollte den Stationen beigelegt werden.
Zwingend notwendige Dinge sind fett gedruckt.

1. **ein Blatt Klopapier**, besser eine ganze Rolle
2. nichts
3. nichts
4. Zollstock, notfalls geht es auch mit Schülerlineal und Geodreieck
5. **Domino** (im Materialteil)
6. nichts
7. eine Tafel Schokolade, **eine Waage**, z. B. eine Federwaage (Physik)
8. **drei Schnüre unterschiedlicher Länge: 99 cm, 100 cm, 101 cm.**
9. nichts
10. nichts
11. **eine Stoppuhr**
12. **eine leere Packung Streichhölzer**
13. **Winkelscheibe** (im Materialteil)
14. **zehn „5-Cent-Münzen“**

Hinweise:
Es sind in den Aufgaben bewusst Angaben weggelassen worden.
Die Lernenden sollen fehlende Angaben messen bzw. schätzen.
Einordnung des Schwierigkeitsgrades: grün = leicht, gelb = normal, rot = schwer

Übersicht und Laufzettel

Name: ______________________________

	Nr.	Name der Station	Status	Ideen hinter den Aufgaben
Pflichtstationen	5	Domino		
	7	Gewichte		
	11	Zeit schätzen		
	12	Streichholz-schachtel		
	13	Winkel schätzen		
Wahlstationen	1	Klopapier		
	2	Rechtecke		
	3	Mit Augenmaß		
	4	Umfang und Fläche des Klassenzimmers		
	6	Haare		
	8	Die längste Schnur		
	9	Modell und Wirklichkeit		
	10	Quadratkilometer		
	14	Bankbesuch		

Vermerke (Status)

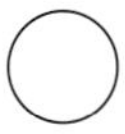 = angefangen  = erledigt  = erledigt, kontrolliert und richtig gelöst

1 Klopapier

Was ist zu tun?

1. Bestimmt die Länge des aufgewickelten Papiers einer üblichen Klopapierrolle (250 Blatt) in Kilometer.
2. Wie viele Quadratmeter Papier sind auf einer Rolle? Wie viele Quadratdezimeter sind das?

2 Rechtecke

Was ist zu tun?

Zeichnet ein Rechteck mit einem Flächeninhalt von $0{,}21\ dm^2$ und einem Umfang von 200 mm.

Zusatz:
Wie viele unterschiedliche Rechtecke dieser Art gibt es?

3 Mit Augenmaß

Welche Figur ist die größte?

Welche Linie ist länger?

Vergleicht jeweils nur die waagerechten Linien.
Welche ist jeweils länger?

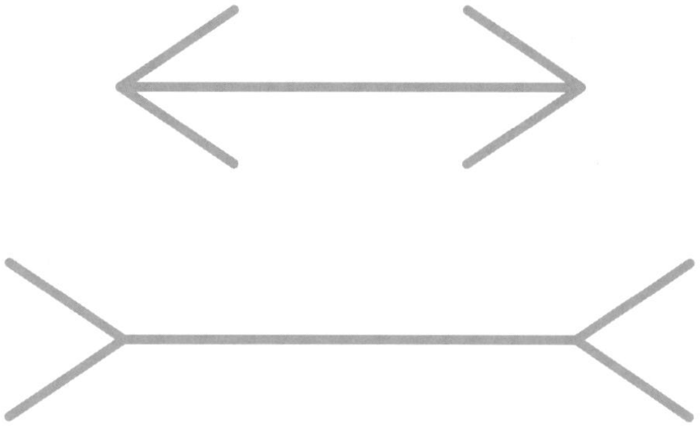

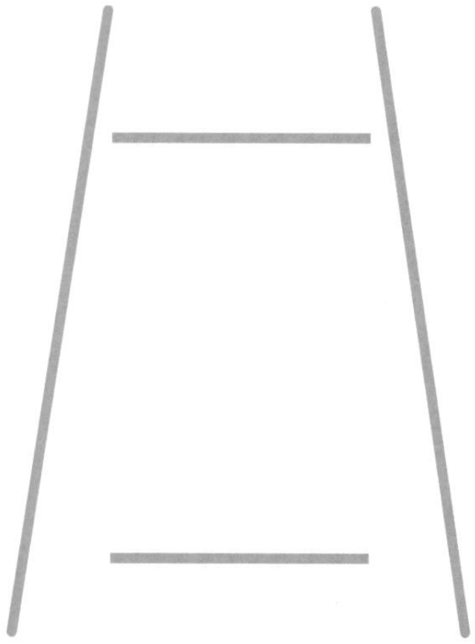

Was ist zu tun?

Schätzt zuerst und überprüft eure Vermutung.

4 Umfang und Fläche des Klassenzimmers

Euer Klassenzimmer soll einen neuen Teppichboden erhalten. Der Teppich soll auf dem Boden mit Kleber befestigt werden. Allerdings soll dieser nicht auf die ganze Teppichfläche, sondern nur am Rand aufgebracht werden.

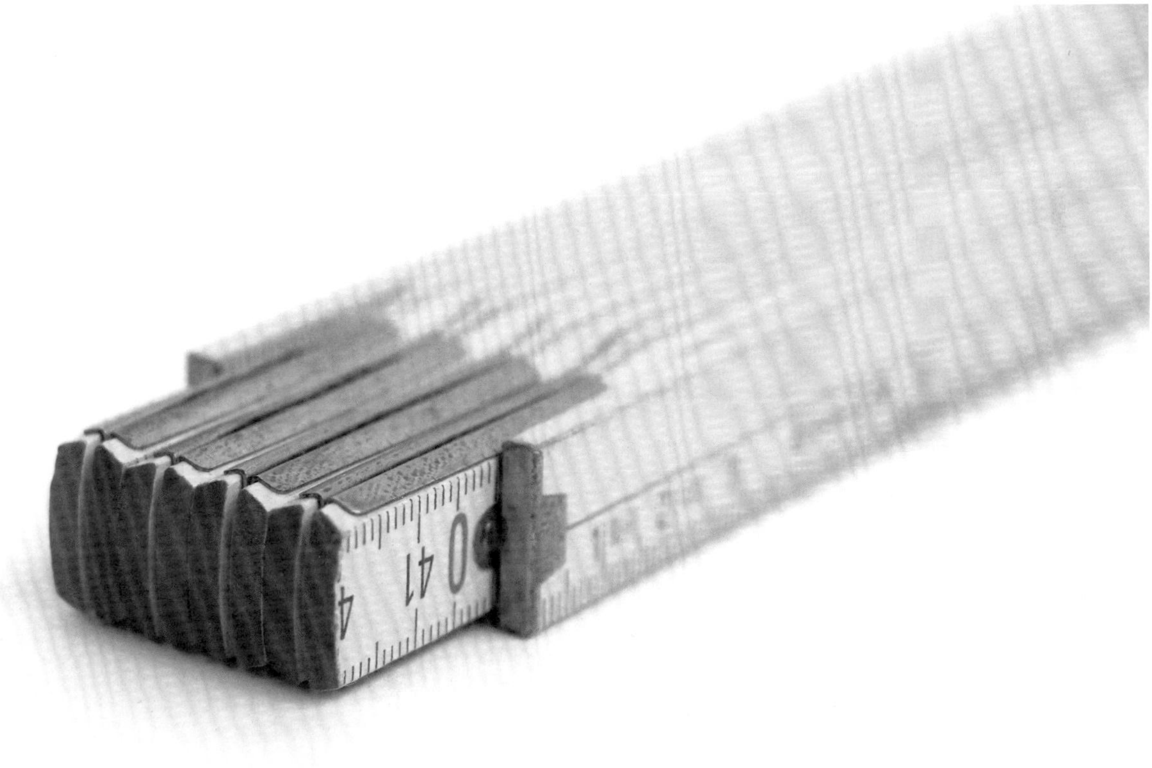

Was ist zu tun?

Für den Teppich- und Kleberkauf wird Umfang und Fläche des Klassenzimmers benötigt.

1. Schätzt erst einmal beide gesuchten Größen ab und schreibt eure Werte auf, bevor ihr mit Messen oder Rechnen beginnt.
2. Messt und berechnet so exakt wie möglich den Umfang und den Flächeninhalt.
3. Wie viele DIN-A4-Blätter benötigt man, um den Boden auszulegen?

5 Domino

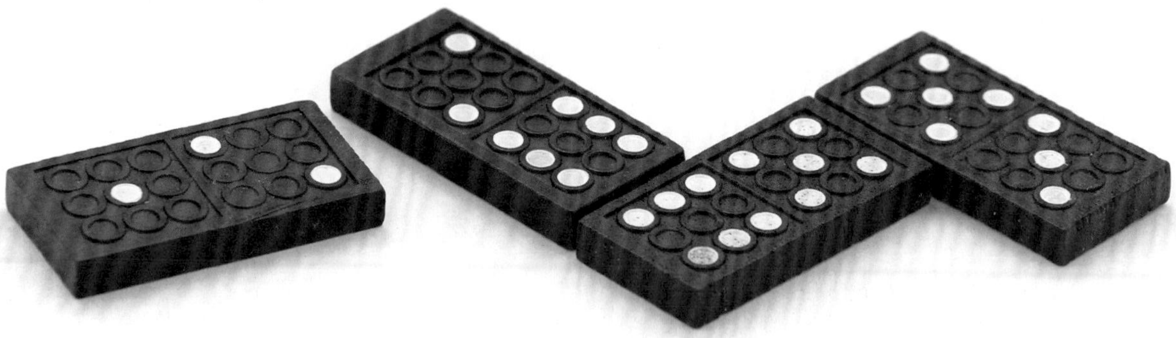

Was ist zu tun?

Ihr sollt hier Dominosteine aneinanderlegen. Auf jedem Stein befinden sich graue Balken: Klettverschlüsse. An diesen wird angelegt:

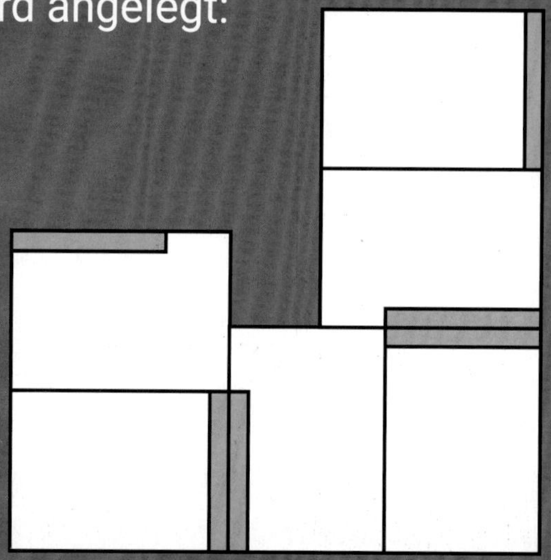

Wenn ihr alle Steine richtig aneinanderlegt, bekommt ihr eine geschlossene Lösungsfigur.

6 Haare

Was meint ihr: Sind auf dem Bild 100, 1.000, 10.000 oder vielleicht sogar 100.000 Haare abgebildet? Auf den ersten Blick erscheint es unheimlich schwer, die Anzahl von Haaren auf einem Kopf zu bestimmen.

Was ist zu tun?

1. Schätzt zuerst die Anzahl der Haare von einem oder einer von euch ab und notiert diesen Wert.
2. Bestimmt die Anzahl mit einer sinnvollen Methode.
3. Welche Länge ergibt sich, wenn alle Haare aneinandergelegt werden?

Tipp:
Vielleicht ist es möglich, alle Haare auf dem Kopf eines Menschen zu zählen, zumindest dauert es sehr, sehr lang. Besser ist es, nur eine bestimmte Anzahl (eine Stichprobe) zu zählen um anschließend auf die Anzahl aller Haare hochzurechnen.

7 Gewichte

Wollt ihr Gewichte schätzen, so ist es gut, wenn ihr einen bekannten Vergleichswert habt, z. B. kennt fast jeder das Gewicht einer Tafel Schokolade.

Was ist zu tun?

1. Wie viele Tonnen an Schokolade siehst du auf dem Bild?
2. Nehmt aus euren Schultaschen sechs Gegenstände und ordnet diese nach ihrem Gewicht. Schätzt die einzelnen Gewichte und prüft mit einer Waage nach.

Hinweis:
Eine Tafel Schokolade besitzt eine Masse von 100 Gramm. Für das Schätzen von wesentlich leichteren oder schwereren Gegenständen benötigt ihr andere Vergleichswerte. Bevor ihr das Gewicht der Gegenstände aus eurer Schultasche schätzt, sucht nach festen Bezugsgrößen, z. B. einem Gegenstand mit ca. 5 Gramm und einem mit ca. 1 Kilogramm. Um sicherzugehen, wiegt diese beiden Gegenstände, denn man kann sich leicht täuschen.

8 Die längste Schnur

Legt jeweils eine Schnur in eine Ecke des Klassenzimmers.

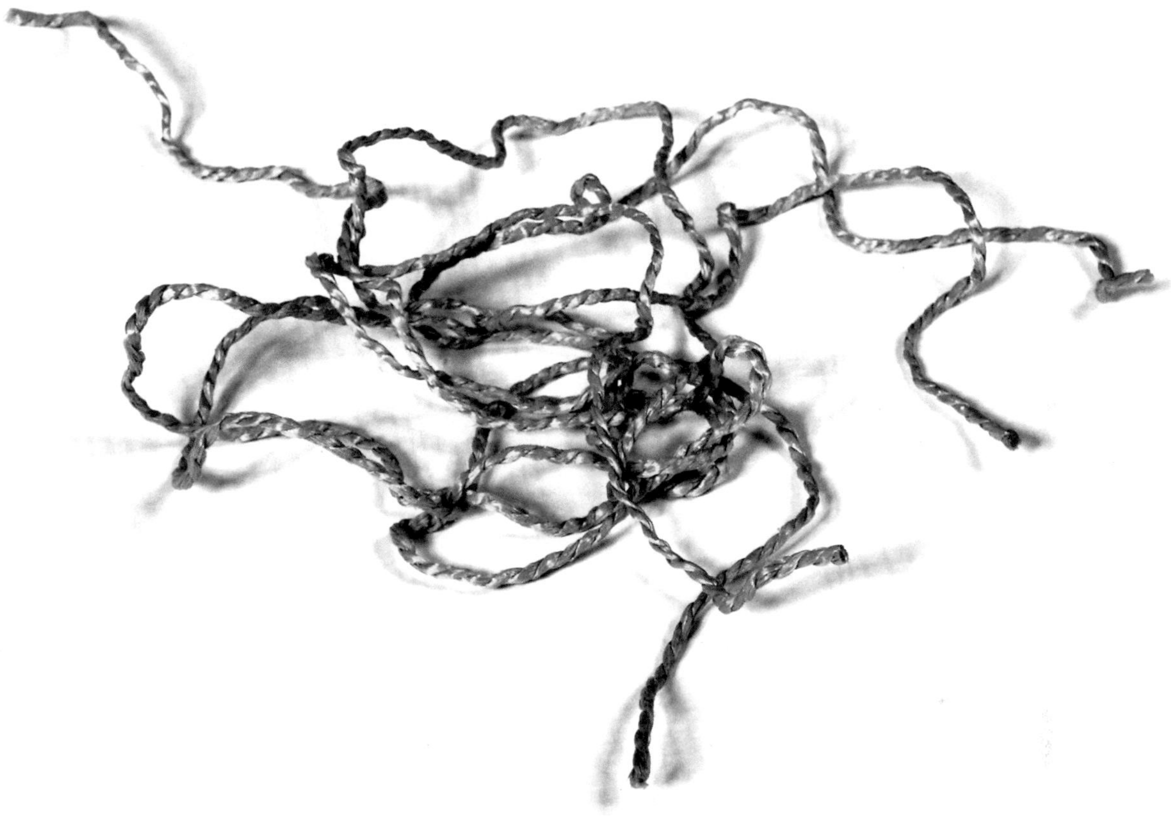

Foto: Martin Kramer

Was ist zu tun?

Versucht ohne Meterstab herauszufinden, welche die längste und welche die kürzeste Schnur ist. Dabei müssen die Schnüre am Platz liegen bleiben. Ein Nebeneinanderhalten ist also nicht möglich.

Zusatz:
Stellt euch vor, ihr könntet Sprechkontakt zu Außerirdischen herstellen, die weit, weit entfernt sind. Ihre Umwelt ist ganz anders als unsere. Könnt ihr herausfinden, ob sie größer oder kleiner als wir Menschen sind?

9 Modell und Wirklichkeit

Was ist zu tun?

Wie lang ist die Feuerwehrleiter in Wirklichkeit?

Tipp:
Sucht etwas auf dem Bild, von dem ihr die Größe bereits in etwa kennt.

10 Quadratkilometer

Hamburg ist von München ca. 620 Kilometer (Luftlinie) entfernt.

Was ist zu tun?

1. Bestimmt den Maßstab dieser Karte.
2. Schätzt mit einer geeigneten Methode ab, wie viele Quadratkilometer Deutschland besitzt.

11 Zeit schätzen

Wie genau lässt sich eine Minute abschätzen?

Was ist zu tun?

1. Eine oder einer von euch benötigt eine Stoppuhr. Auf „Los!“ versuchen die anderen abzuschätzen, wann 60 Sekunden vorüber sind. Wer meint, dass die Zeit um ist, klatscht in die Hand. Die verstrichene Zeit schreibt sich der Hüter der Zeit auf. Erst wenn alle Mitspieler geklatscht haben, gibt der Zeitstopper die Ergebnisse bekannt.
2. Berechnet die Lebenszeit eines euch bekannten, möglichst alten Menschen (Uroma, Uropa, Oma, Opa ...) in Minuten.

12 Streichholzschachtel

Wie viel Luft passt in eine leere Streichholzschachtel?

Foto: Martin Kramer

Was ist zu tun?

Bestimmt zuerst die Größen, die ihr für eure Rechnung braucht. Gebt das Ergebnis in mm^3, in cm^3, in dm^3, in m^3 und in km^3 an.
Welche Einheit erscheint euch in diesem Zusammenhang am sinnvollsten? Begründet kurz.

13 Winkel schätzen

Mit etwas Übung lassen sich Winkel auf wenige Grad genau schätzen. Auf der Winkelscheibe sind 130° eingestellt.

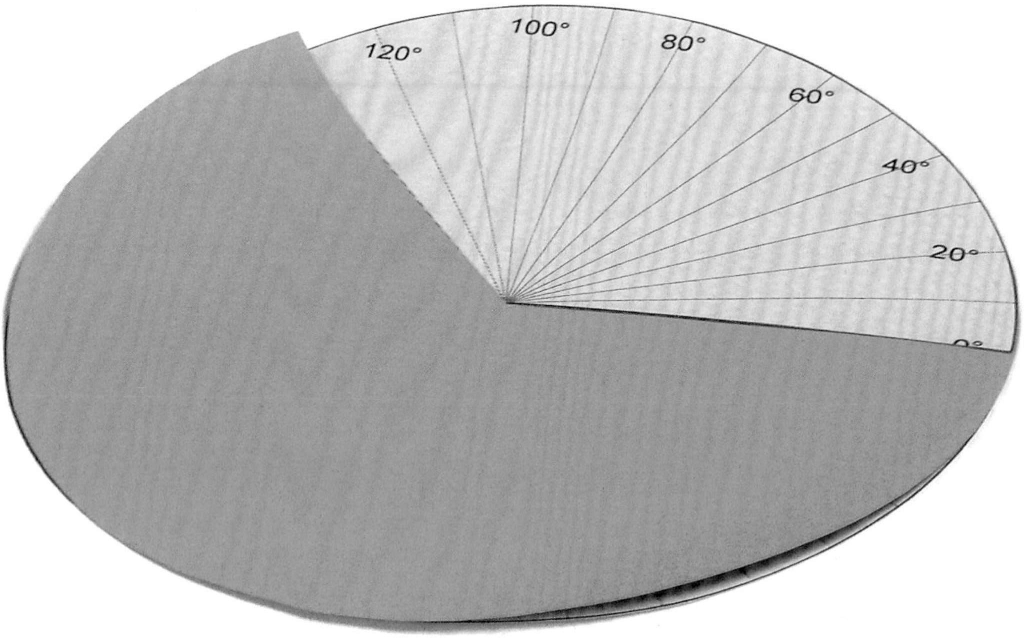

Was ist zu tun?

Für diese Übung müsst ihr mindestens zu zweit sein. Der oder die jüngste von euch stellt einen Winkel ein und zeigt den anderen die Rückseite der Scheibe, sodass keine Winkelangaben gesehen werden können. Jeder gibt nun einen Schätzwert ab. Derjenige, der den eingestellten Winkel am besten geschätzt hat, stellt die nächste Aufgabe.

14 Ein Bankbesuch

Auf der Bank lässt sich Jim einen Zehn-Euro-Schein in Fünf-Cent-Stücke wechseln. Jetzt möchte er alle Münzen zu einem hohen Turm aufeinanderstapeln.

Foto: Martin Kramer

Was ist zu tun?

Bestimmt möglichst exakt die Dicke eines Fünf-Cent-Stückes.

Tipp:
Die Höhe von zehn Münzen lässt sich viel genauer bestimmen als die Höhe einer Münze. Überlegt euch, wie ihr vorgehen könnt.

Bestimmt möglichst genau die Höhe des Turms, wenn alle Fünf-Cent-Stücke verwendet werden. Lässt sich so ein Turm bauen?

1 Klopapier – Lösung

1. *Bestimmt die Länge des aufgewickelten Papiers einer üblichen Klopapierrolle (250 Blatt) in Kilometer.*
2. *Wie viele Quadratmeter Papier sind auf einer Rolle? Wie viele Quadratdezimeter sind das?*

Lösungsvorschlag:
Jedes Blatt besitzt die Form eines Rechtecks. Hier beträgt die Länge l = 13,5 cm und die Breite b = 9,7 cm.

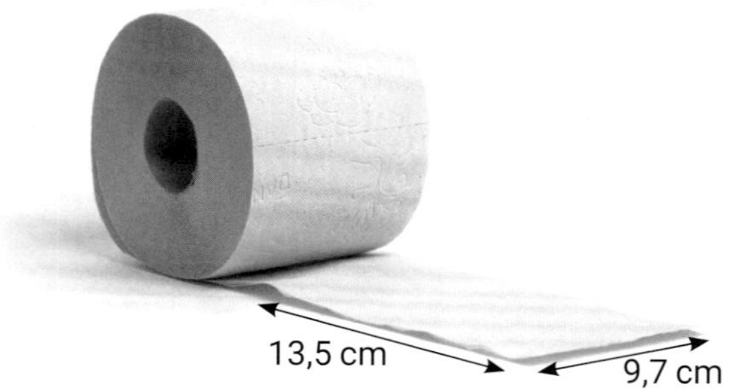

Insgesamt gibt es 250 Blätter, also ist die Länge L der Rolle um das 250-fache länger:

L = 13,5 cm · 250 = 3375 cm = 337,5 dm = 33,75 m = 0,03375 km.

Die Länge L einer üblichen Klopapierrolle beträgt ca. 0,03375 Kilometer.

Die abgewickelte Rolle besitzt die Form eines sehr langgezogenen Rechtecks mit der Breite der Klopapierrolle. Im Beispiel ist b = 9,7 cm = 0,097 m.

Für den Flächeninhalt A des Rechtecks gilt:
$A = L \cdot b = 33{,}75\ \text{m} \cdot 0{,}097\ \text{m} \approx 3{,}27\ \text{m}^2$.

Auf einer Rolle Klopapier befinden sich ca. 3,27 Quadratmeter bzw. ca. 327 Quadratdezimeter Papier.

2 Rechtecke – Lösung

Zeichnet ein Rechteck mit einem Flächeninhalt von 0,21 dm^2 und einem Umfang von 200 mm.
Wie viele unterschiedliche Rechtecke dieser Art gibt es?

Lösungsvorschlag:

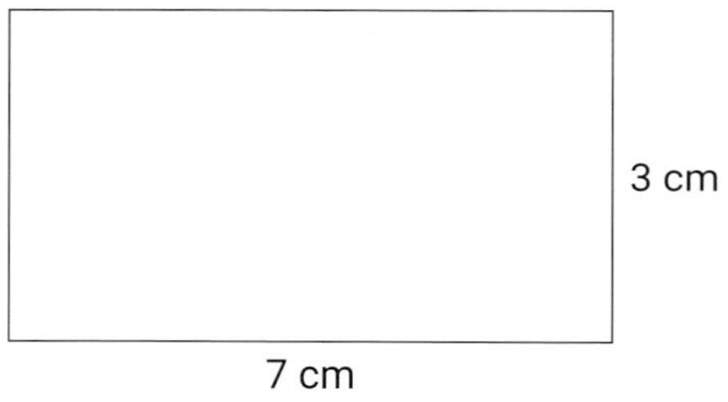

Zuerst werden alle Maße in cm bzw. cm^2 umgewandelt:
Für den Flächeninhalt gilt: 0,21 dm^2 = 21 cm^2.
Der Umfang beträgt: 200 mm = 20 cm.

Gesucht ist ein Rechteck mit einem Umfang von 20 cm und einem Flächeninhalt von 21 cm^2. Die Lösung kann durch einfaches Ausprobieren gefunden werden, jedoch hilft folgende Überlegung:

Der Flächeninhalt ergibt sich durch „Länge mal Breite“.
Gesucht sind also zwei Zahlen, deren Produkt 21 ergibt.
Für den halben Umfang gilt „Länge plus Breite“. Demnach müssen die gesuchten Zahlen auch in der Summe 10 ergeben.

Es gibt (bis auf Vertauschung von Höhe und Breite) nur ein Rechteck mit diesem Flächeninhalt und diesem Umfang.

3 Mit Augenmaß – Lösung

Welche Figur ist die größte?

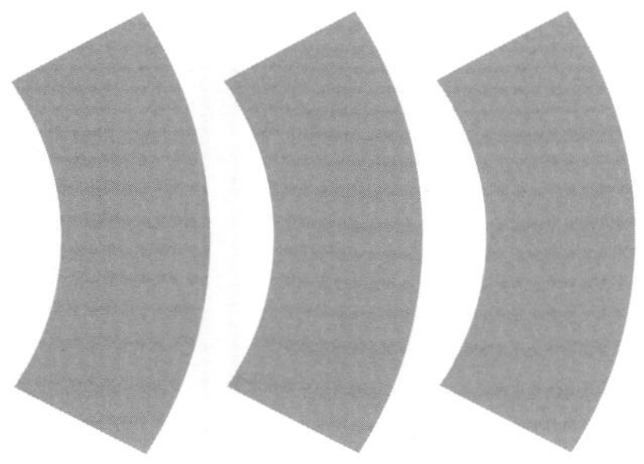

Welche Linie ist länger?

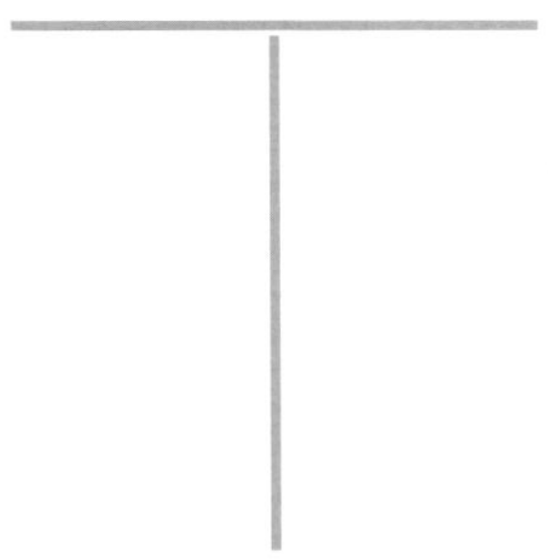

Vergleicht jeweils nur die waagerechten Linien. Welche ist jeweils länger?

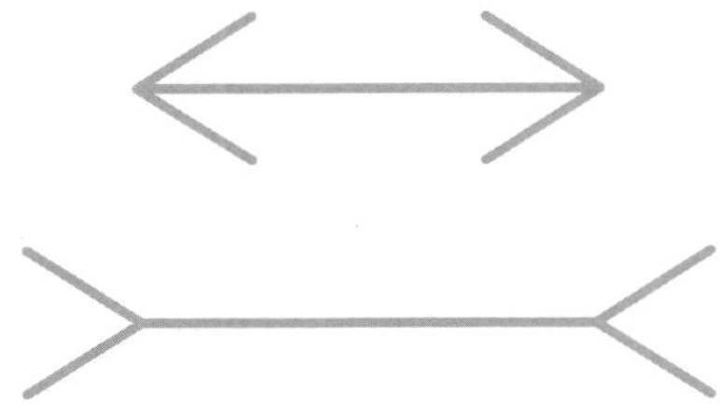

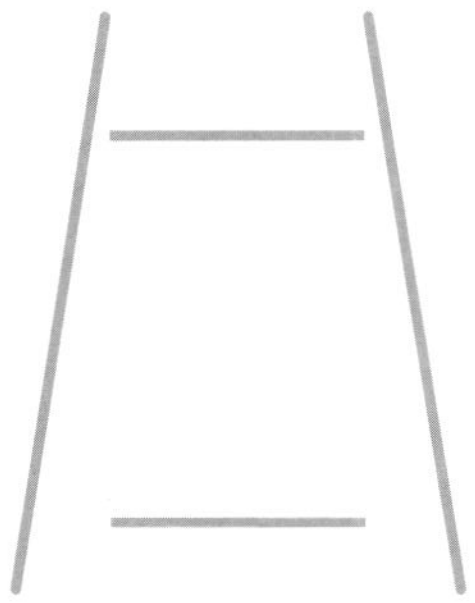

Lösung:
Es gibt viele Arten von optischen Täuschungen.
Die T-Täuschung (Beispiel oben rechts) beruht beispielsweise darauf, dass senkrechte Linien länger wahrgenommen werden als waagrechte. Hier hilft nur noch nachmessen.
Die abgebildeten Figuren sind gleich groß bzw. die Linien gleich lang.

4 Umfang und Fläche des Klassenzimmers – Lösung

1. *Messt und berechnet so exakt wie möglich den Umfang und den Flächeninhalt.*
2. *Wie viele DIN-A4-Blätter benötigt man, um den Boden auszulegen?*

Lösungsvorschlag:
In dieser Lösung wird davon ausgegangen, dass euer Boden die Form eines Rechtecks besitzt. (Hat euer Klassenzimmer eine andere Form, so nähert diesen mit mehreren Rechtecken an.)
Länge und Breite des Zimmers sind zu bestimmen. Hier im Beispiel beträgt die Länge (l) 8,30 Meter und die Breite (b) 7,62 Meter.
Eure Messung liefert gewiss andere Werte.

Der Umfang (U) setzt sich aus zweimal der Länge (l) und zweimal der Breite (b) zusammen. Im Beispiel ergibt das:
$U = 2 \cdot l + 2 \cdot b = 2 \cdot 8{,}30\ \text{m} + 2 \cdot 7{,}62\ \text{m} = 31{,}84\ \text{m}$.

Der Umfang beträgt ca. 31,8 Meter.

Der Flächeninhalt (A) ergibt sich als Produkt aus Länge (l) und Breite (b):
$A = l \cdot b = 8{,}30\ \text{m} \cdot 7{,}62\ \text{m} \approx 63{,}25\ \text{m}^2$.

Ein Din-A4-Blatt hat eine Länge von ca. 29,7 cm und eine Breite von ca. 21,0 cm. Damit berechnet sich dessen Flächeninhalt in Meter:

$A_{A4} = 0{,}297\ \text{m} \cdot 0{,}210\ \text{m} \approx 0{,}0624\ \text{m}^2$.

Um die Anzahl (n) der erforderlichen Blätter zu bestimmen ist die Gesamtfläche (im Beispiel 63,3 m^2) durch die Fläche eines Din-A4-Blattes zu teilen:

$n = \frac{63{,}25\ \text{m}^2}{0{,}0624\ \text{m}^2} \approx 1014$.

Es werden also (in diesem Rechenbeispiel) 1014 DIN-A4-Blätter benötigt.

5 Domino – Lösung

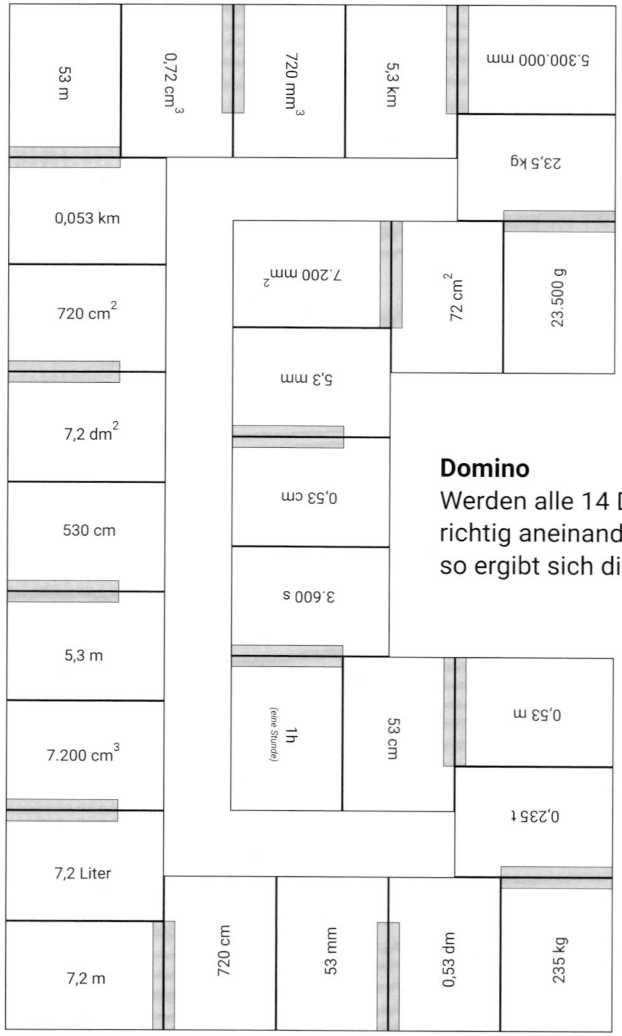

Domino
Werden alle 14 Dominosteine richtig aneinandergelegt, so ergibt sich diese Lösungsfigur:

6 Haare – Lösung

1. *Bestimmt die Anzahl mit einer sinnvollen Methode.*
2. *Wie lang sind alle Haare zusammen?*

Lösungsvorschlag:

Mögliche Methode zur Anzahlbestimmung
Man zähle zum Beispiel die Anzahl der Haare, die auf einem Quadratzentimeter wachsen (Stichprobe). Von Person zu Person wird das Ergebnis unterschiedlich sein, wir wollen hier annehmen, dass es ca. 150 Haare sind.

Im nächsten Schritt ist die Fläche des gesamten Haarbodens abzuschätzen: Ein DIN-A4-Blatt (ca. 6 dm^2 – vgl. Station 4) reicht nicht, um diesen abzudecken. Wir schätzen hier den Wert auf 8 dm^2 = 800 cm^2. Auf jedem Zentimeter wachsen ca. 150 Haare, damit ergibt sich für die Anzahl (n) der Haare:

n = 800 · 150 Haare = **120 000 Haare**.

Die Gesamtlänge aller Haare ergibt sich aus der Anzahl mal der durchschnittlichen Länge. Bei eine Länge von 10 cm sind das

120 000 · 0,1 m = 12 000 m = 12 km.

Hinweis
In der Literatur findet man folgende Daten:
- Wachstumsrate und Haardicke sowie die Anzahl der Haare sind genetische Faktoren, die bei jeder Person unterschiedlich sein können.
- Anzahl der Kopfhaare: 100.000 – 150.000
- Haardichte: ca. 200 Haare / cm^2

7 Gewichte – Lösung

Wie viel Tonnen an Schokolade siehst du auf dem Bild?

Lösungsvorschlag:
Ein Kilogramm ist der tausendste Teil einer Tonne:

$1\ kg = \frac{1}{1000}\ t = 0{,}001\ t$

Eine Tafel Schokolade (100 Gramm) besitzt eine Masse von 0,1 Kilogramm bzw. 0,0001 Tonnen.

Zum Schätzen:
Wenn ihr eine Masse möglichst exakt schätzen wollt, so braucht ihr Vergleichswerte, d. h. Gegenstände, von denen ihr wisst, wie schwer sie sind und wie sich das Gewicht dieser Gegenstände anfühlt (z. B. besitzt eine Tafel Schokolade eine Masse von 100 g).

Masse	Beispiel
5 g	ein DIN-A4-Blatt (Kopierpapier)
100 g	eine Tafel Schokolade
1.000 g = 1 kg	eine handelsübliche Packung Mehl

8 Die längste Schnur – Lösung

Versucht ohne Meterstab herauszufinden, welche die längste und welche die kürzeste Schnur ist. Dabei müssen die Schnüre am Platz liegen bleiben.

Lösungsvorschlag:
Da ihr die Schnüre nicht direkt miteinander vergleichen und keinen Meterstab verwenden dürft, bleibt euch nur der Vergleich mit *irgendetwas*, z. B. mit der Länge eines anderen Gegenstandes, an den ihr die Schnüre haltet. Oder ihr könnt jede Schnur um einen bestimmten Stift wickeln und dabei die Windungen zählen. Dabei dürft ihr natürlich nur in einer Lage wickeln, sonst wird die Sache ungenau.

Die Schnur mit der niedrigsten Wicklungszahl ist z. B. die kürzeste Schnur.

Es gibt natürlich sehr viele weitere Möglichkeiten. Egal wie ihr jedoch einen Vergleich anstellt, in jedem Falle werdet ihr mit einer anderen Größe vergleichen müssen. Und das ist genau die Idee eines Maßes.

Zusatz:
Es gibt tatsächlich keine Möglichkeit, die Körpergröße zu vergleichen, ohne ein gemeinsames Maß. Interessanterweise könnte man sich mit den Außerirdischen auf ein gemeinsames Winkelmaß einigen und Winkel messen.

9 Modell und Wirklichkeit – Lösung

Wie lang ist die Feuerwehrleiter in Wirklichkeit?

Lösungsvorschlag:
Ein Erwachsener ist etwas kleiner als die Höhe der Fahrerkabine. Sie wurde daher auf zwei Meter geschätzt. Die Leiter ist in der Abbildung ca. zehnmal so lang.

Damit ergibt sich eine Länge von ca. 20 Metern.

10 Quadratkilometer – Lösung

Hamburg ist von München ca. 620 Kilometer (Luftlinie) entfernt. Bestimmt den Maßstab dieser Karte. Schätzt mit einer geeigneten Methode ab, wie viele Quadratkilometer Deutschland besitzt.

Lösungsvorschlag:
Auf der Karte sind die beiden Städte 12,4 cm voneinander entfernt.
12,4 cm entsprechen 620 km;
1,0 cm entsprechen 50 km = 50 000 m = 5 000 000 cm.

Damit beträgt der Maßstab der Karte 1 : 5 000 000.

Die Quadratkilometer können mit Hilfe eines Rechtecks abgeschätzt werden, das in etwa die gleiche Fläche besitzt. (vgl. Skizze):

9,5 cm entsprechen
$9{,}5 \cdot 50$ km = 475 km;

15,0 cm entsprechen
$15 \cdot 50$ km = 750 km.

Die Fläche A des Rechtecks berechnet sich somit durch
$A = 475 \text{ km} \cdot 750 \text{ km}$
$\approx 356\,000 \text{ km}^2$.

Die tatsächliche Fläche beträgt 357.092,90 km^2.

(Quelle: Statistische Ämter des Bundes und der Länder)

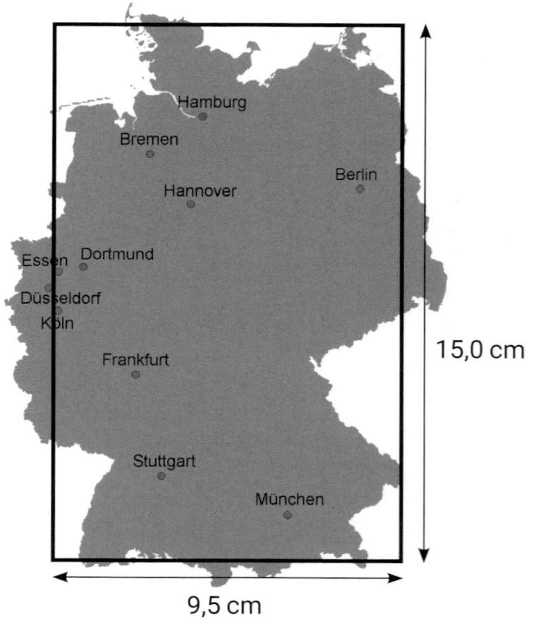

11 Zeit schätzen – Lösung

Berechnet die Lebenszeit eines euch bekannten, möglichst alten Menschen (Uroma, Uropa, Oma, Opa ...) in Minuten.

Lösungsvorschlag:
Als Beispiel wird die Lebenszeit von Frau Mustermann in Minuten umgewandelt. Sie ist 80 Jahre. (Die Tage seit ihrem achtzigsten Geburtstag werden in der folgenden Rechnung vernachlässigt.)

Ein Jahr hat 365 Tage. (Wir rechnen ohne Schaltjahre.)
Damit ergibt sich das Lebensalter t in Tagen (d) zu

$t = 80 \cdot 365\ \text{d} = 29\,200\ \text{d}$.

Jeder Tag besteht aus 24 Stunden (h).
Also beträgt das Lebensalter t in Stunden:

$t = 80 \cdot 365 \cdot 24\ \text{h} = 700\,800\ \text{h}$.

Schließlich besteht jede Stunde aus 60 Minuten.
Damit ergibt sich:

$t = 80 \cdot 365 \cdot 24 \cdot 60\ \text{min} = 42\,048\,000\ \text{min}$.

Frau Mustermann ist ca. 42 048 000 Minuten alt.
(In Worten: zweiundvierzig Millionen achtundvierzigtausend Minuten)

12 Streichholzschachtel – Lösung

Bestimmt zuerst die Größen, die ihr für eure Rechnung braucht. Gebt das Ergebnis in mm^3, in cm^3, in dm^3, in m^3 und in km^3 an. Welche Einheit erscheint euch in diesem Zusammenhang am sinnvollsten? Begründet kurz.

Lösungsvorschlag:
Da sich die Luft im Innern der Schachtel befindet, müssen die Innenmaße gemessen werden. (Eure Messwerte können abweichen).

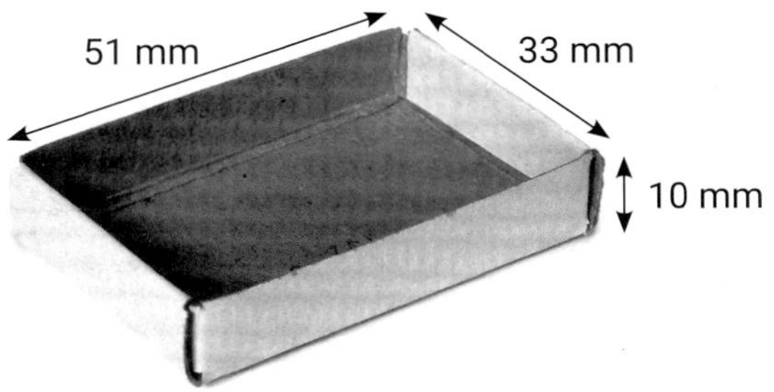

Die Schublade besitzt näherungsweise die Form eines Quaders, damit lässt sich das Volumen V berechnen:

$V = a \cdot b \cdot c = 51\ \text{mm} \cdot 33\ \text{mm} \cdot 10\ \text{mm} \approx 17\,000\ \text{mm}^3$.

Bei Volumeneinheiten ist der Umrechnungsfaktor zur nächst größeren Einheit 1000.

$V = 17\,000\ \text{mm}^3 = 17\ \text{cm}^3 = 0{,}017\ \text{dm}^3 = 0{,}000\,017\ \text{m}^3$
$= 0{,}000\,000\,000\,000\,017\ \text{km}^3$

Sinnvoll ist die Angabe in cm^3, weil man damit eine gute Vorstellung von der Größenordnung erhält.
Unter $0{,}000\,000\,000\,000\,017\ \text{km}^3$ kann man sich wenig vorstellen.

13 Winkel schätzen – Lösung

Einer von euch stellt einen Winkel ein und zeigt den anderen die Rückseite der Scheibe, so dass keine Winkelangaben gesehen werden können. Jeder gibt nun einen Schätzwert ab.

Tipp und Lösungshilfe:
Winkel von 90°, 45°, 180° lassen sich gut einprägen.

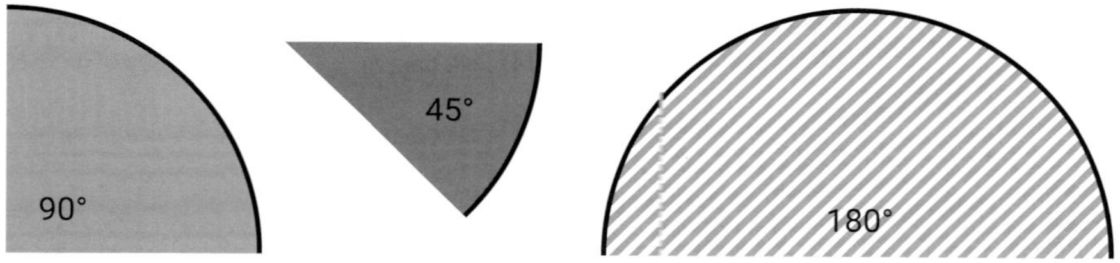

So setzt sich 135° beispielsweise aus 90° und 45° zusammen:

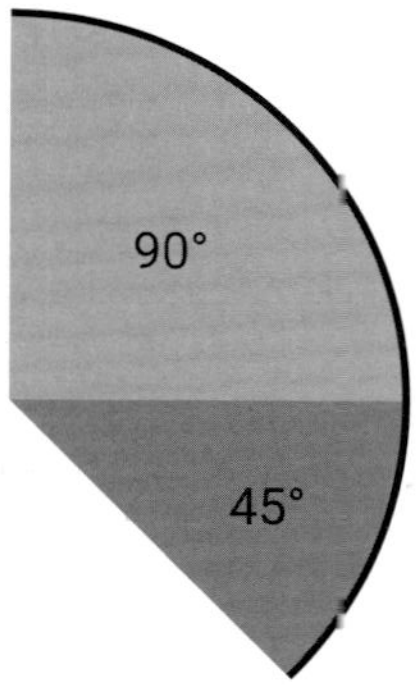

Damit lässt sich 135° recht exakt schätzen. Je mehr Winkel ihr zum Vergleichen *kennt*, desto besser wird eure Schätzung.

14 Ein Bankbesuch – Lösung

Auf der Bank lässt sich Jim einen 10-Euro-Schein in Fünf-Cent-Stücke wechseln. Jetzt möchte er alle Münzen zu einem hohen Turm aufeinanderstapeln. Bestimmt möglichst genau die Höhe des Turmes, wenn alle Fünf-Cent-Stücke verwendet werden. Lässt sich so ein Turm bauen?

Lösungsvorschlag:
Zuerst werden zehn Münzen gestapelt und die Höhe des Turmes wird gemessen:

Also ist ein Fünf-Cent-Stück **1,7 mm** dick. So genau könnte man ein einzelnes Geldstück nicht ausmessen!

Zwanzig Fünf-Cent-Stückw ergeben einen Euro.
Zehn Euro ergeben zehnmal so viele Münzen, also 200 Stück.
Jedes Geldstück hat eine Dicke von 1,7 mm.
Die Höhe (H) des Turms, den Jim bauen möchte, ist daher 200 Mal höher:

H = 200 · 1,7 mm = 340 mm = 34 cm.

Die Turmhöhe beträgt 34 cm. Ein solcher Turm lässt sich mit etwas Geduld stapeln – allerdings wird das Bauwerk sehr instabil.

4 Material

Domino

7,2 Liter	5,3 m
7,2 m	7.200 cm^3
7,2 dm^2	0,053 km
530 cm	720 cm^2

$0{,}72\ cm^3$	5,3 km
53 m	$720\ mm^3$
23,5 kg	$72\ cm^2$
5.300.000 mm	23.500 g

5,3 mm	3.600 s
7.200 mm^2	0,53 cm
53 cm	0,235 t
1h *(eine Stunde)*	0,53 m

0,53 dm

720 cm

235 kg

53 mm

Domino

Auf jedem Stein befinden sich dunkle Balken: Klettverschlüsse. An diesen wird angelegt.

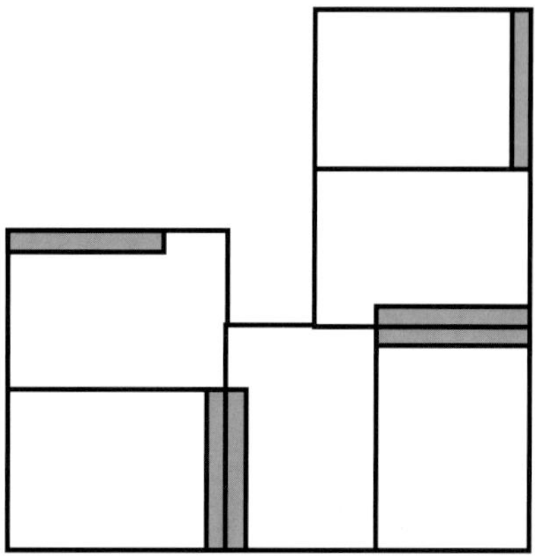

Es ergibt sich eine geschlossene Lösungsfigur.

Lösungsfigur

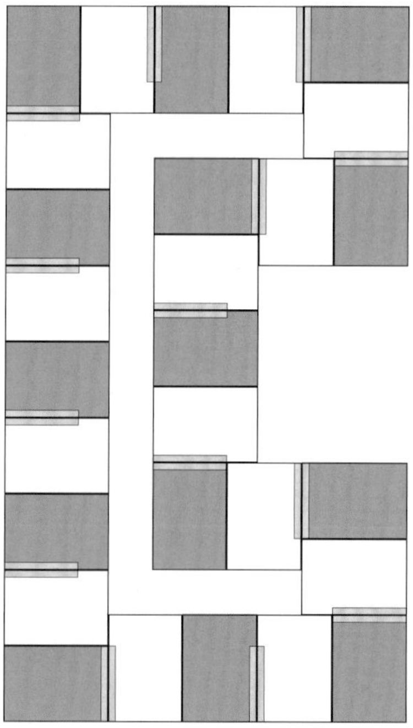

Rechnen mit Größen als Hausaufgabendomino

Im Unterricht hast du bei der Station 5 gemeinsam das Domino gelegt.
Mit dem Hausaufgabedomino prüfst du dich selbst.

7,2 Liter	5,3 m	0,72 cm^3	5,3 km
7,2 m	7.200 cm^3	53 m	720 mm^3
7,2 dm^2	0,053 km	23,5 kg	72 cm^2
530 cm	720 cm^2	5.300.000 mm	23.500 g

5,3 mm	3.600 s	0,53 dm	720 cm
7.200 mm^2	0,53 cm	235 kg	53 mm
53 cm	0,235 t		
1h *(eine Stunde)*	0,53 m		

Domino
Auf jedem Stein befinden sich dunkle Balken: Klettverschlüsse. An diesen wird angelegt.

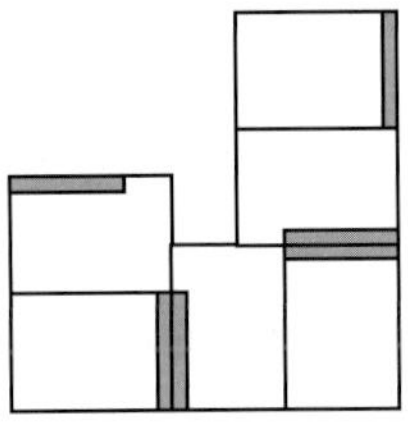

Es ergibt sich eine geschlossene Lösungsfigur.

Lösungsfigur

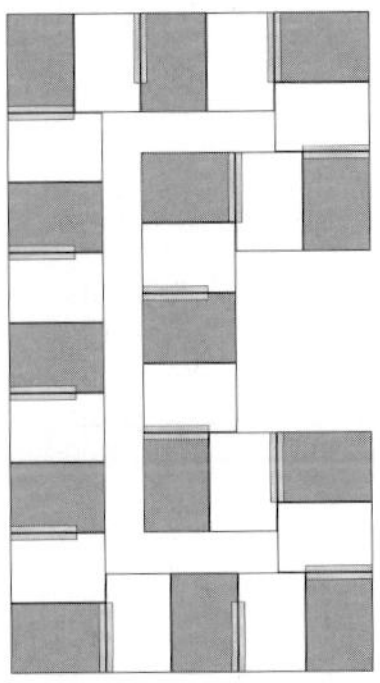

Winkelscheibe

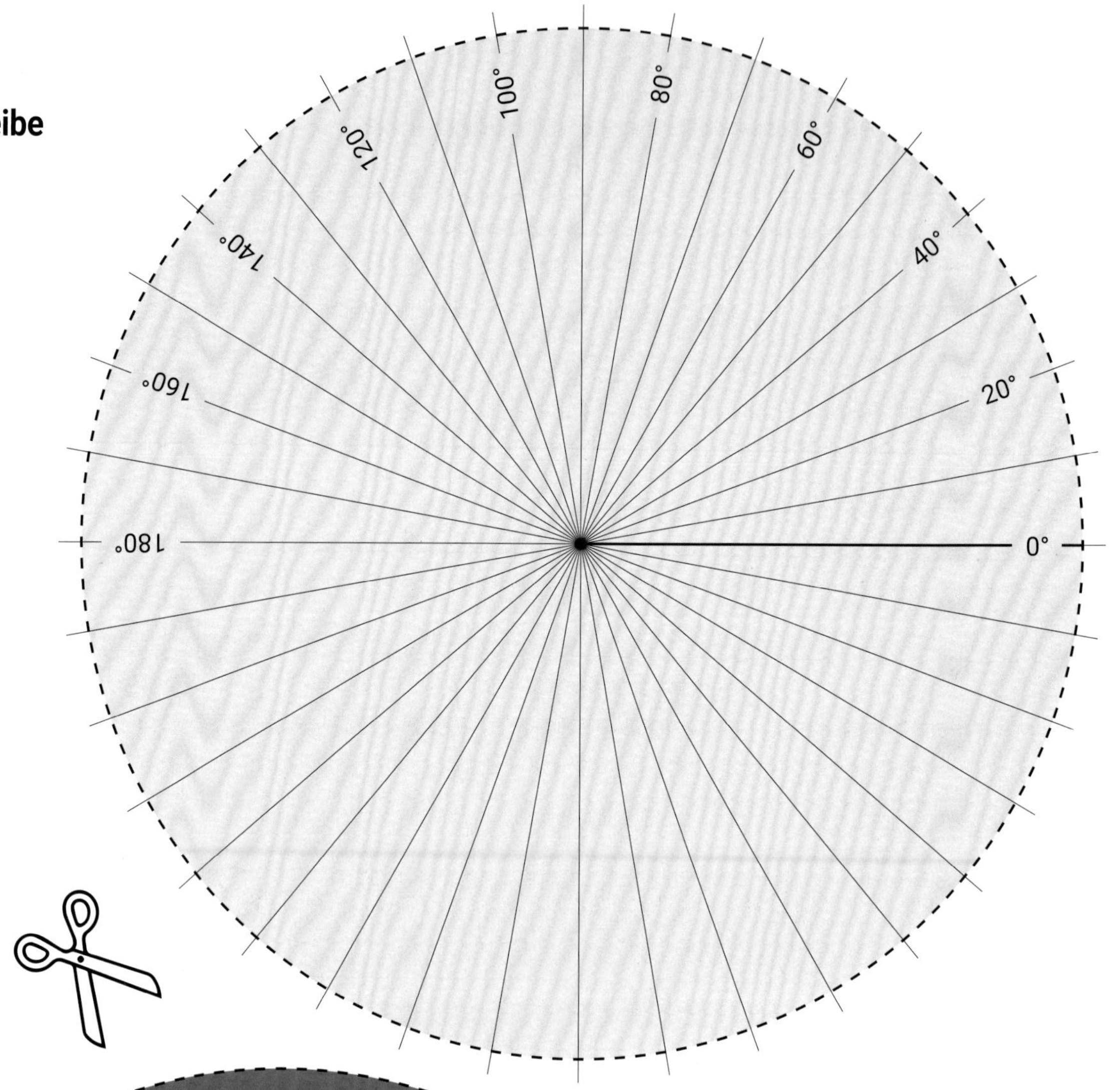

Kreise entlang der fetten Linien ausschneiden.
Vorsicht beim Einschnitt: Ist dieser länger oder kürzer als angezeichnet, stimmen die Winkelangaben auf der Skala nicht mehr. Die Schlitze der beiden Scheiben, wie auf der Stationskarte abgebildet, ineinander stecken.

Landkarte des Wissens

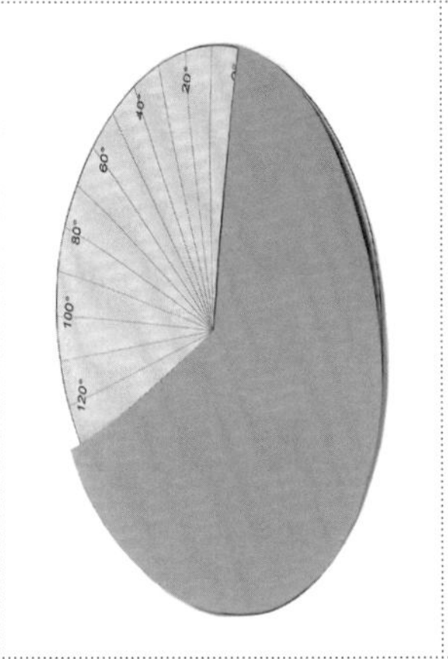

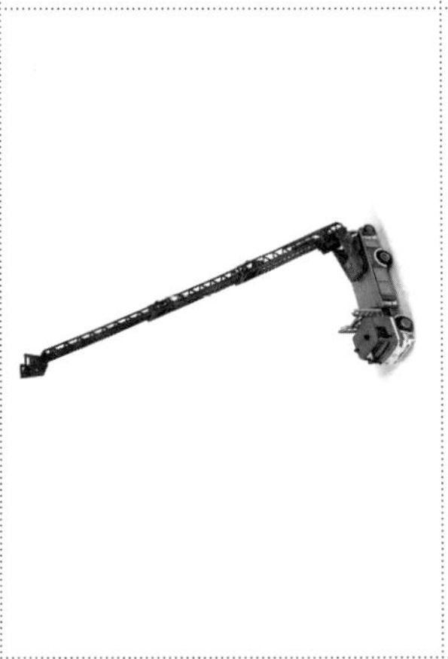

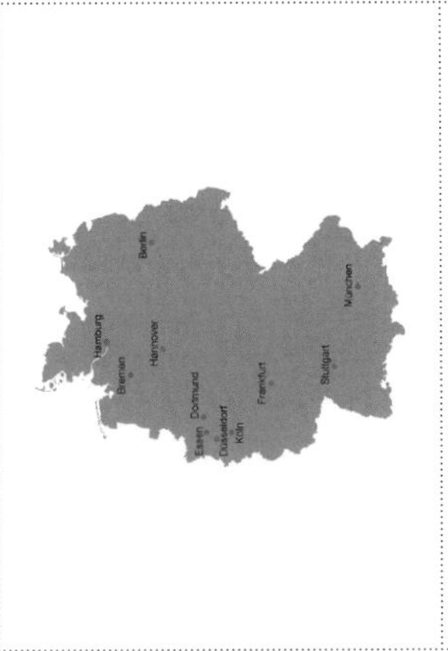

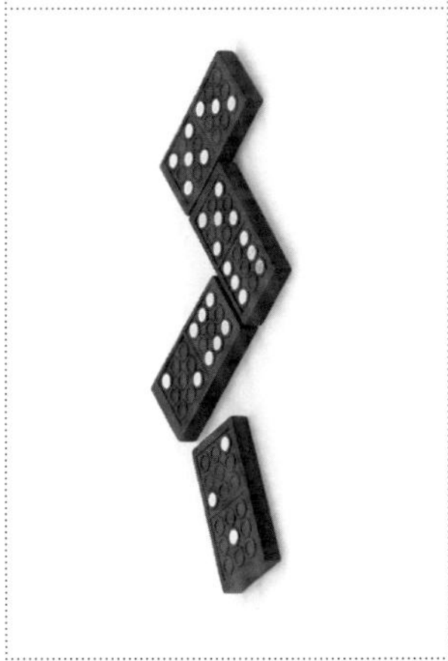

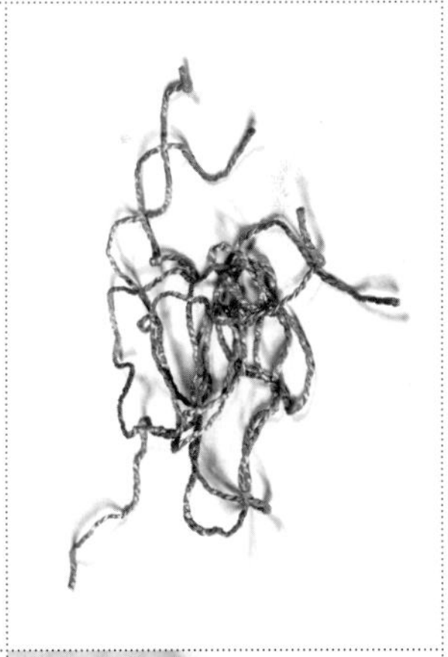

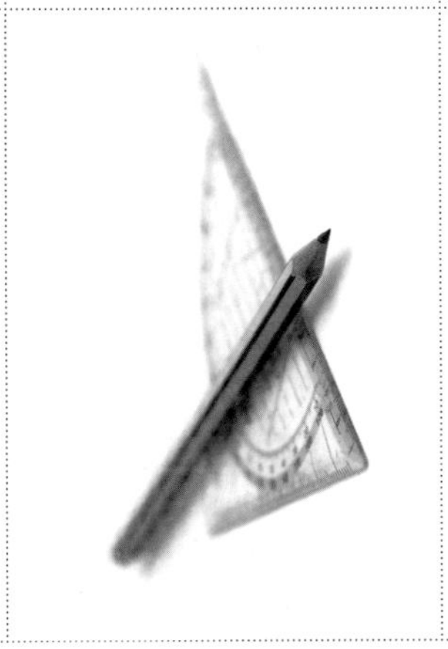

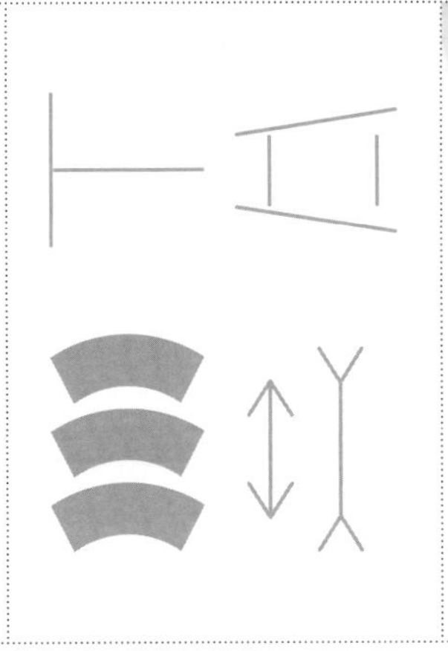

Selbsteinschätzung

Du sollst hier lernen, dich selber einzuschätzen. Bewertungen und Benotungen können falsch sein. Auch wenn man äußere Leistungsmessungen nicht ignorieren sollte, ist es wichtig selbst zu wissen, was man kann und was nicht.

Mithilfe der Tabelle kannst du dir zunächst einen Überblick über dein Wissen verschaffen.
Versuche anschließend dich einzuschätzen und erteile dir selbst eine Note.

Thema verstanden?	**total**	**das Meiste**	**halbwegs**	**etwas**	**wenig**	**nichts**
Umwandeln von Flächeneinheiten, z. B. von cm^2 in mm^2						
Abschätzen von Winkeln (Station 13)						
Rauminhalt einer Streichholzschachtel berechnen und in verschiedene Raumeinheiten umwandeln (Station 12)						
Maßstab einer Landkarte bestimmen						
Umgang mit Gewichten, z. B. 0,24 t = 240.000 g						
Heftführung	**sehr gut**	**ganz gut**	**ok**	**teilweise**	**noch ok**	**nicht ok**
Wie gut strukturiert?						
Wie ansprechend gestaltet?						

Vorschlag zur Selbstbewertung

sehr gut: Ich habe alles verstanden, könnte es gut erklären und auch Aufgaben angehen, welche von Standardfragen abweichen. Ich habe begonnen, mir selbst Fragen bzgl. des Stoffes zu stellen und diese zu lösen versucht.

gut: Ich habe alles verstanden, könnte es erklären und auch Aufgaben angehen, welche größere Rechnungen (Anwendung des Schulstoffes) erfordern.

befriedigend: Ich habe das Wesentliche verstanden, kann Überlegungen des in der Schule behandelten Stoffes wiedergeben und löse Standardprobleme ohne größere Schwierigkeiten.

ausreichend: Einfache Aufgaben kann ich lösen, dem Unterrichtsverlauf konnte ich meistens folgen.

mangelhaft: Ich brauche auch für leichte Aufgaben Hilfestellungen, der Zusammenhang einzelner Themen ist mir fremd.

ungenügend: Ich habe keine Ahnung, was beim Thema *Rechnen mit Größen* von mir verlangt wird.

Ich würde mir selbst die Note____________________________ erteilen.

(Die Note / Selbsteinschätzung brauchst du niemandem zu zeigen.)

Name: ______________________ Datum: ______________

Test

Aufgabe 1

Vervollständige die Tabelle, sodass in jeder Zeile jeweils dieselbe Menge steht:

7 200 mm^2	cm^2	0,72 dm^2
23 500 g	kg	t
mm	m	5,3 km
cm^3	23,4 l	m^3

Aufgabe 2

Schätze die folgenden Winkel so genau wie möglich:

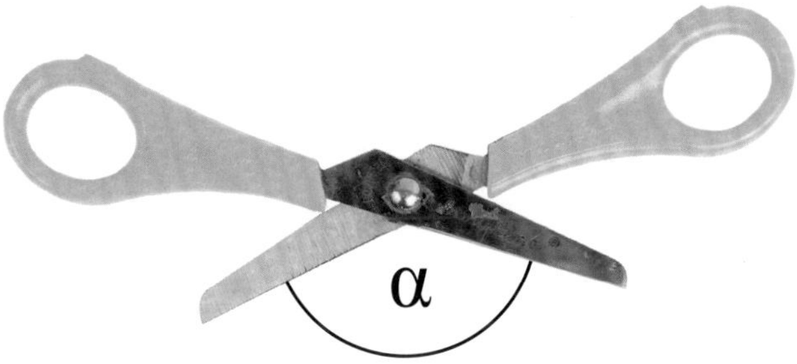

$\alpha \approx$ ______________ $\beta \approx$ ______________ $\gamma \approx$ ______________

Aufgabe 3

Auf einer Wanderkarte (Maßstab 1 : 35 000) sind zwei Kirchen genau zwei Zentimeter voneinander entfernt. Wie weit ist ihr realer Abstand?

Aufgabe 4

Schätze die Anzahl deiner Atemzüge in einer Mathestunde (45 min) mithilfe einer geeigneten Rechnung ab.

Lösung

Aufgabe 1

Vervollständige die Tabelle, sodass in jeder Zeile jeweils dieselbe Menge steht:

7.200 mm^2	72 cm^2	0,72 dm^2
23 500 g	23,5 kg	0,0235 t
5.300.000 mm	5.300 m	5,3 km
23.400 cm^3	23,4 l	0,0234 m^3

Aufgabe 2

Schätze die folgenden Winkel so genau wie möglich:

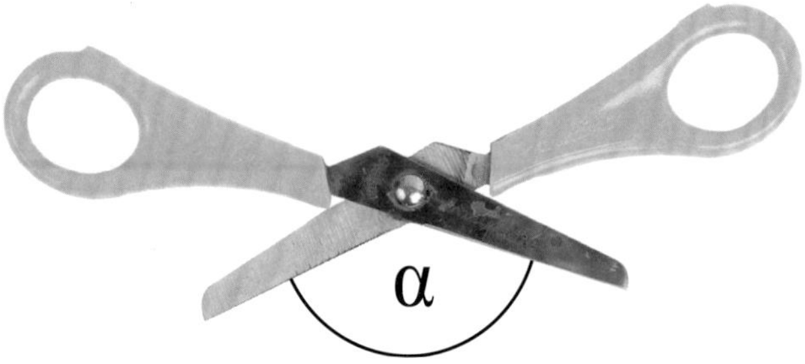

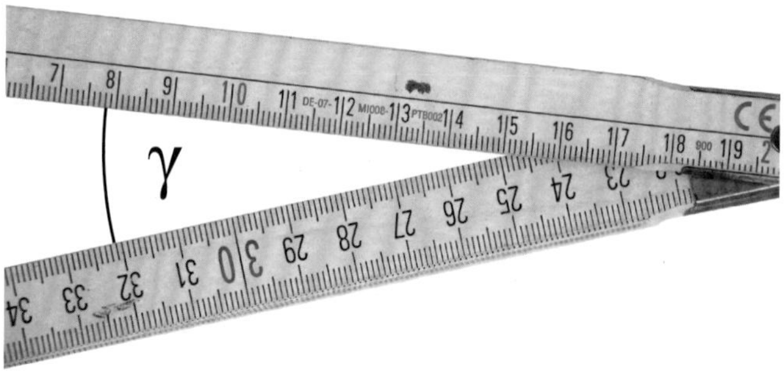

$\alpha \approx$ 138° $\beta \approx$ 72° $\gamma \approx$ 18,5°

Aufgabe 3

Auf einer Wanderkarte (Maßstab 1 : 35 000) sind zwei Kirchen genau zwei Zentimeter voneinander entfernt. Wie weit ist ihr realer Abstand?

1 cm entsprechen 35 000 cm = 350 m = 0,35 km.

2 cm entsprechen 70 000 cm = 700 m = 0,70 km.

Der Abstand der beiden Kirchen beträgt 700 m.

Aufgabe 4

Schätze die Anzahl deiner Atemzüge in einer Mathestunde (45 min) mithilfe einer geeigneten Rechnung ab.

Zuerst messe oder schätze man die Anzahl der Atemzüge in einer Minute.

Als Beispiel werden hier zwölf angenommen. Damit gilt für die gesuchte Anzahl n:

$n = 45 \cdot 12 = 540$.

In einer Mathestunde holt man also ca. 540-mal Luft.

Schülerinnen und Schüler als aktive Gestalter des Unterrichts

MARTIN KRAMER

Teamwork, Empathie, unabhängiges Denken

Was Schüler für morgen brauchen und wie es sich heute unterichten lässt

16,5 x 24 cm, 296 Seiten in Farbe, Hardcover

ISBN 978-3-7727-1508-2 32,95 €

Wie würde Ihnen das gefallen: Schülerinnen und Schüler erstellen die Klausur und korrigieren diese anschließend selbst? Dabei sind sie glücklicher, lernen mehr und nachhaltiger, als wenn Sie als Lehrkraft diese Aufgaben übernehmen. Das ist kein Traum, sondern das Ergebnis systemischer und kommunikativer Überlegungen.

In dieser Praxiseinführung zu systemischen Denken und Handeln geht Martin Kramer durch die wichtigen Bereiche des Unterrichts und macht konkrete Vorschläge, wie Schülerinnen und Schüler eine Klassenarbeit erstellen, die bestmöglichste Sitzordnung finden, Übungsstunden selbstständig gestalten, sich untereinander regelmäßig Feedback geben und vieles mehr. Mit dem Ansatz einer positiven Pädagogik gestalten Schüler aktiv den Unterricht und erleben so Selbstwirksamkeit.

Fachbuch

Alle Preise zzgl. Versandkosten, Stand 2022

Klett Kallmeyer

Unser Leserservice berät Sie gern:
Telefon: 0511 / 4 00 04 -150
Fax: 0511 / 4 00 04 -170
leserservice@friedrich-verlag.de

www.klett-kallmeyer.de

Unter **www.friedrich-verlag.de** finden Sie Materialien zum Buch als Download.
Bitte geben Sie den achtstelligen Download-Code in das Suchfeld ein.

DOWNLOAD-CODE: **d31628rg**

Hinweis:

Das Download-Material enthält die Lernstationen und weitere Materialien aus dem Begleitheft.

Durch den Kauf dieses Materialpakets (ISBN 978-3-7727-1628-7) haben Sie das Recht erworben, das ergänzende Download-Material in Ihren derzeitigen und zukünftigen Lerngruppen und Klassen einzusetzen und zu vervielfältigen. So können Sie etwa einzelne Seiten ausdrucken und verteilen oder mit Beamer oder Whiteboard verwenden.

Was Sie **nicht** dürfen:

- Das Download-Material oder Teile davon an Kolleginnen und Kollegen weitergeben.
- Das Download-Material oder Teile davon in Netzwerke einstellen, wie etwa Schulserver oder Cloud-Systeme, sodass Kolleginnen und Kollegen darauf Zugriff erhalten.
- Die Lizenzinformation und Quellenhinweise auf dem Download-Material entfernen.
- Bei einer Bibliotheksausleihe des Buches das Download-Material herunterladen.

Bitte tragen Sie im Sinne dieser Lizenz dazu bei, dass wir weiterhin digitales Ergänzungsmaterial für Lehrerinnen und Lehrer bereitstellen können. Der Verlag behält sich dabei vor, auch gegen urheberrechtliche Verstöße vorzugehen.

Unsere Autorinnen und Autoren sowie der Verlag wünschen Ihnen viel Erfolg bei der Nutzung der Materialien!

Haben Sie Fragen zum Download? Dann wenden Sie sich bitte an den Leserservice der Friedrich Verlags GmbH. Schreiben Sie uns oder rufen Sie uns an!

Sie erreichen unseren Leserservice
Montag bis Donnerstag von 8 – 18 Uhr
Freitag von 8 – 14 Uhr
Tel.: 0511/40004-150
Fax: 0511/40004-170
E-Mail: *leserservice@friedrich-verlag.de*

Wir freuen uns über Ihre Rückmeldung und helfen Ihnen gern weiter!

2 Rechtecke

Was ist zu tun?

Zeichnet ein Rechteck mit einem Flächeninhalt von 0,21 dm^2 und einem Umfang von 200 mm.

Zusatz:
Wie viele unterschiedliche Rechtecke dieser Art gibt es?

3 Mit Augenmaß

Welche Figur ist die größte?

Welche Linie ist länger?

Vergleicht jeweils nur die waagerechten Linien.
Welche ist jeweils länger?

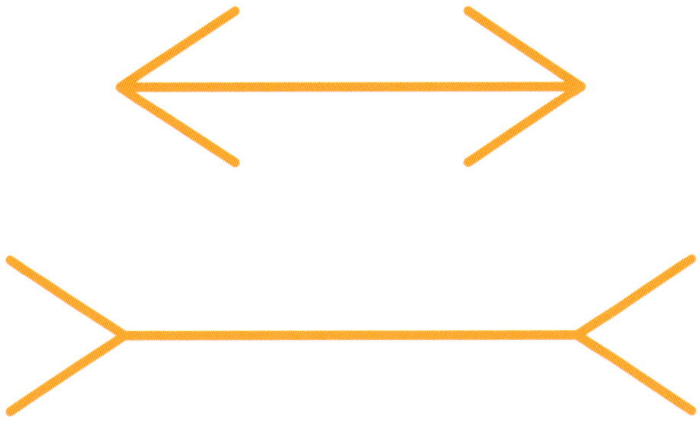

Was ist zu tun?

Schätzt zuerst und überprüft eure Vermutung.

4 Umfang und Fläche des Klassenzimmers

Euer Klassenzimmer soll einen neuen Teppichboden erhalten. Der Teppich soll auf dem Boden mit Kleber befestigt werden. Allerdings soll dieser nicht auf die ganze Teppichfläche, sondern nur am Rand aufgebracht werden.

Was ist zu tun?

Für den Teppich- und Kleberkauf wird Umfang und Fläche des Klassenzimmers benötigt.

1. Schätzt erst einmal beide gesuchten Größen ab und schreibt eure Werte auf, bevor ihr mit Messen oder Rechnen beginnt.
2. Messt und berechnet so exakt wie möglich den Umfang und den Flächeninhalt.
3. Wie viele DIN-A4-Blätter benötigt man, um den Boden auszulegen?

5 Domino

Was ist zu tun?

Ihr sollt hier Dominosteine aneinanderlegen. Auf jedem Stein befinden sich graue Balken: Klettverschlüsse. An diesen wird angelegt:

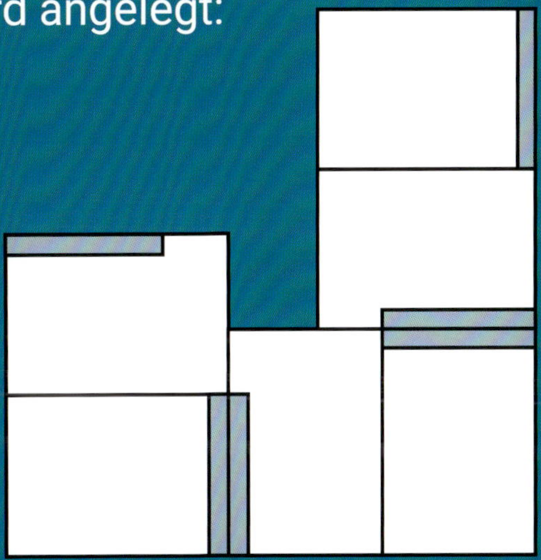

Wenn ihr alle Steine richtig aneinanderlegt, bekommt ihr eine geschlossene Lösungsfigur.

6 Haare

Was meint ihr: Sind auf dem Bild 100, 1.000, 10.000 oder vielleicht sogar 100.000 Haare abgebildet? Auf den ersten Blick erscheint es unheimlich schwer, die Anzahl von Haaren auf einem Kopf zu bestimmen.

Was ist zu tun?

1. Schätzt zuerst die Anzahl der Haare von einem oder einer von euch ab und notiert diesen Wert.
2. Bestimmt die Anzahl mit einer sinnvollen Methode.
3. Welche Länge ergibt sich, wenn alle Haare aneinandergelegt werden?

Tipp:
Vielleicht ist es möglich, alle Haare auf dem Kopf eines Menschen zu zählen, zumindest dauert es sehr, sehr lang. Besser ist es, nur eine bestimmte Anzahl (eine Stichprobe) zu zählen um anschließend auf die Anzahl aller Haare hochzurechnen.

7 Gewichte

Wollt ihr Gewichte schätzen, so ist es gut, wenn ihr einen bekannten Vergleichswert habt, z. B. kennt fast jeder das Gewicht einer Tafel Schokolade.

Was ist zu tun?

1. Wie viele Tonnen an Schokolade siehst du auf dem Bild?
2. Nehmt aus euren Schultaschen sechs Gegenstände und ordnet diese nach ihrem Gewicht. Schätzt die einzelnen Gewichte und prüft mit einer Waage nach.

Hinweis:
Eine Tafel Schokolade besitzt eine Masse von 100 Gramm. Für das Schätzen von wesentlich leichteren oder schwereren Gegenständen benötigt ihr andere Vergleichswerte. Bevor ihr das Gewicht der Gegenstände aus eurer Schultasche schätzt, sucht nach festen Bezugsgrößen, z. B. einem Gegenstand mit ca. 5 Gramm und einem mit ca. 1 Kilogramm.
Um sicherzugehen, wiegt diese beiden Gegenstände, denn man kann sich leicht täuschen.

8 Die längste Schnur

Legt jeweils eine Schnur in eine Ecke des Klassenzimmers.

Was ist zu tun?

Versucht ohne Meterstab herauszufinden, welche die längste und welche die kürzeste Schnur ist. Dabei müssen die Schnüre am Platz liegen bleiben. Ein Nebeneinanderhalten ist also nicht möglich.

Zusatz:
Stellt euch vor, ihr könntet Sprechkontakt zu Außerirdischen herstellen, die weit, weit entfernt sind. Ihre Umwelt ist ganz anders als unsere. Könnt ihr herausfinden, ob sie größer oder kleiner als wir Menschen sind?

9 Modell und Wirklichkeit

Was ist zu tun?

Wie lang ist die Feuerwehrleiter in Wirklichkeit?

Tipp:
Sucht etwas auf dem Bild, von dem ihr die Größe bereits in etwa kennt.

10 Quadratkilometer

Hamburg ist von München ca. 620 Kilometer (Luftlinie) entfernt.

Was ist zu tun?

1. Bestimmt den Maßstab dieser Karte.
2. Schätzt mit einer geeigneten Methode ab, wie viele Quadratkilometer Deutschland besitzt.

11 Zeit schätzen

Wie genau lässt sich eine Minute abschätzen?

Was ist zu tun?

1. Eine oder einer von euch benötigt eine Stoppuhr. Auf „Los!“ versuchen die anderen abzuschätzen, wann 60 Sekunden vorüber sind. Wer meint, dass die Zeit um ist, klatscht in die Hand. Die verstrichene Zeit schreibt sich der Hüter der Zeit auf. Erst wenn alle Mitspieler geklatscht haben, gibt der Zeitstopper die Ergebnisse bekannt.
2. Berechnet die Lebenszeit eines euch bekannten, möglichst alten Menschen (Uroma, Uropa, Oma, Opa ...) in Minuten.

12 Streichholzschachtel

Wie viel Luft passt in eine leere Streichholzschachtel?

Was ist zu tun?

Bestimmt zuerst die Größen, die ihr für eure Rechnung braucht. Gebt das Ergebnis in mm^3, in cm^3, in dm^3, in m^3 und in km^3 an.
Welche Einheit erscheint euch in diesem Zusammenhang am sinnvollsten? Begründet kurz.

13 Winkel schätzen

Mit etwas Übung lassen sich Winkel auf wenige Grad genau schätzen. Auf der Winkelscheibe sind 130° eingestellt.

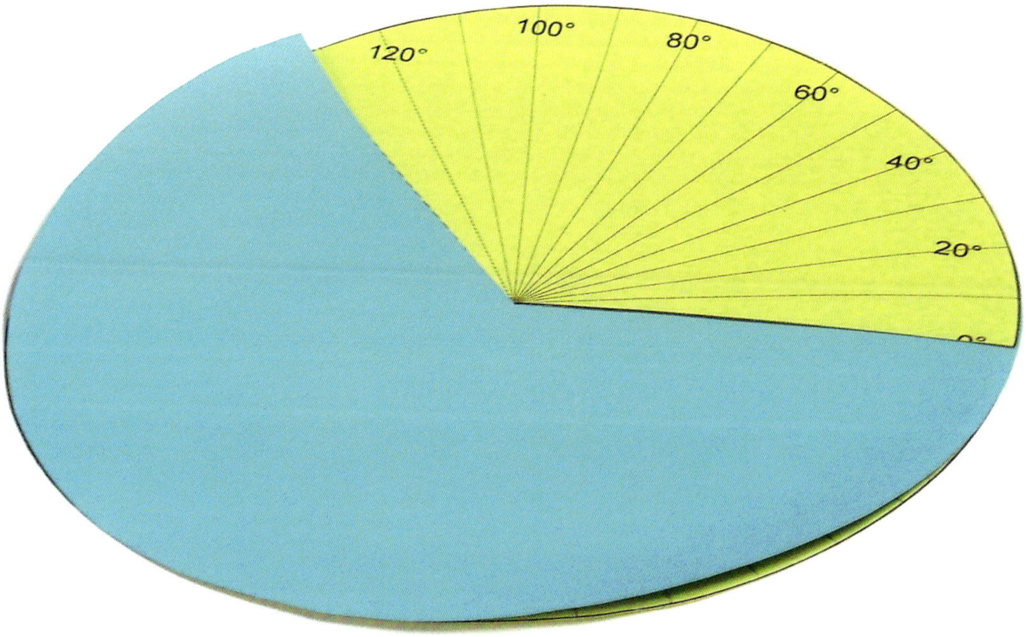

Was ist zu tun?

Für diese Übung müsst ihr mindestens zu zweit sein. Der oder die jüngste von euch stellt einen Winkel ein und zeigt den anderen die Rückseite der Scheibe, sodass keine Winkelangaben gesehen werden können. Jeder gibt nun einen Schätzwert ab. Derjenige, der den eingestellten Winkel am besten geschätzt hat, stellt die nächste Aufgabe.

14 Ein Bankbesuch

Auf der Bank lässt sich Jim einen Zehn-Euro-Schein in Fünf-Cent-Stücke wechseln. Jetzt möchte er alle Münzen zu einem hohen Turm aufeinanderstapeln.

Was ist zu tun?

Bestimmt möglichst exakt die Dicke eines Fünf-Cent-Stückes.

Tipp:
Die Höhe von zehn Münzen lässt sich viel genauer bestimmen als die Höhe einer Münze. Überlegt euch, wie ihr vorgehen könnt.

Bestimmt möglichst genau die Höhe des Turms, wenn alle Fünf-Cent-Stücke verwendet werden. Lässt sich so ein Turm bauen?

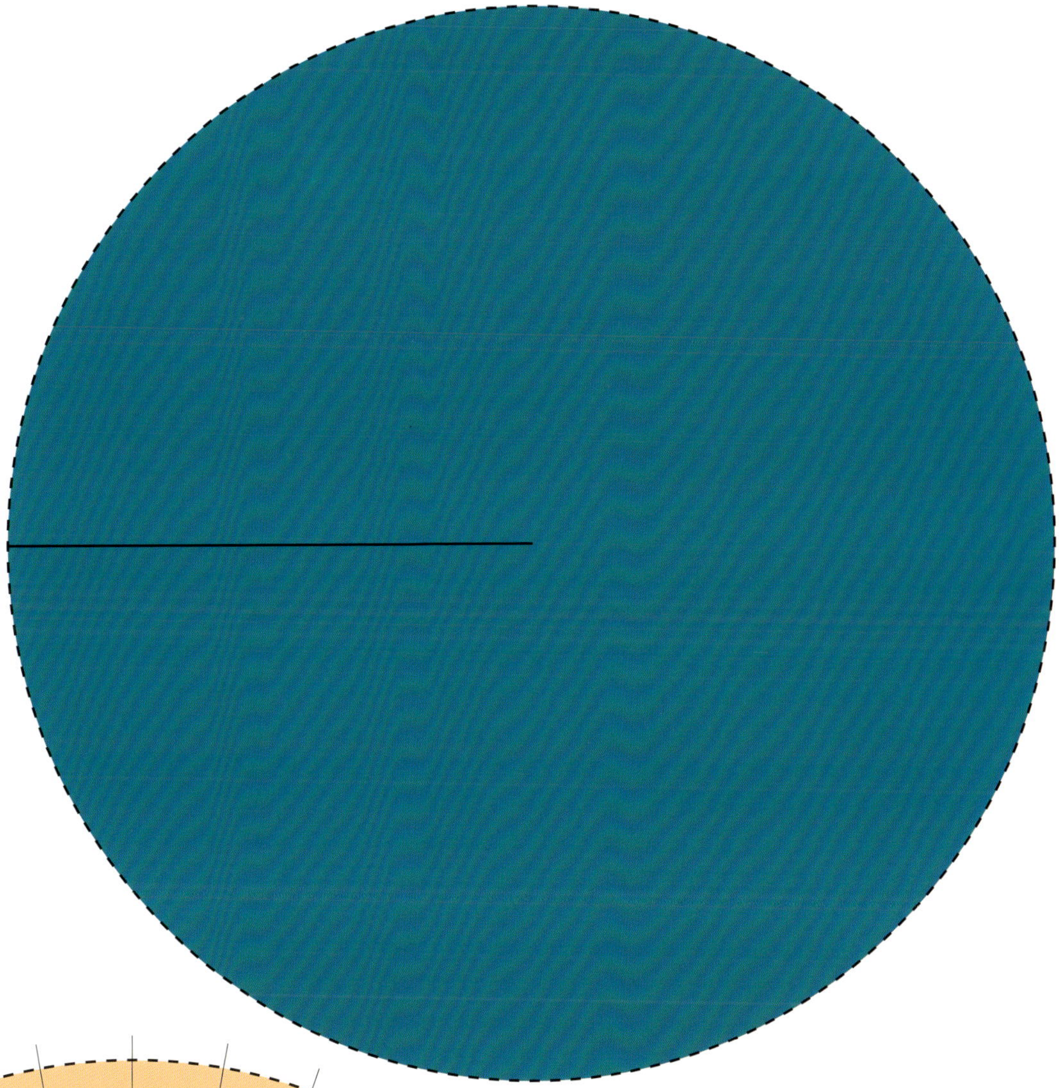

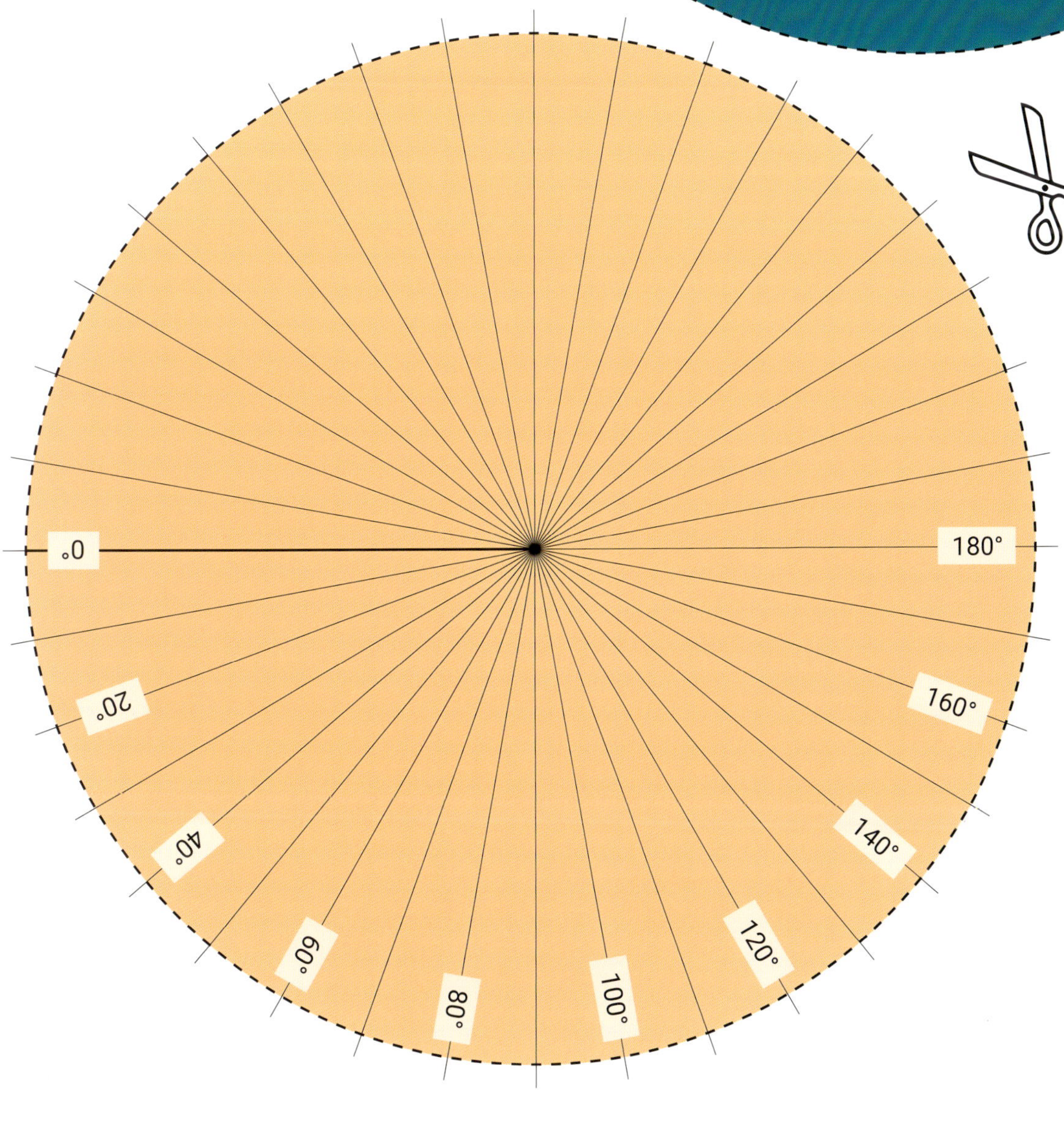
0°
20°
40°
60°
80°
100°
120°
140°
160°
180°